培育
文化　　萬識通 02

這些知識有點酷

編著　董柏維
責任編輯　許安遙
內文排版　王國卿
封面設計　姚恩涵

出版者　培育文化事業有限公司

信箱　yungjiuh@ms45.hinet.net

地址　新北市汐止區大同路3段194號9樓之1

電話　（02）8647-3663

傳真　（02）8674-3660

劃撥帳號　18669219

CVS代理　美璟文化有限公司

TEL／(02)27239968

FAX／(02)27239668

總經銷：永續圖書有限公司

永續圖書線上購物網
www.foreverbooks.com.tw

法律顧問　方圓法律事務所　涂成樞律師

出版日期　2017年11月

國家圖書館出版品預行編目資料

這些知識有點酷/ 董柏維編著.
-- 初版. -- 新北市：培育文化,
民106.11　面；　公分. -- (萬識通 ; 02)
ISBN 978-986-95464-0-9(平裝)

1. 百科全書　　2.青少年讀物
047　　　　　　　　　　106016409

前言

　　人類史上發展出的學問成千上萬，怎樣才能快速學習百科知識的豐富寶藏呢？像這樣一本知識百科開心問答，就能簡單解決這個問題！

　　本書的功能還不只如此，朋友家人聚會時，只要翻開這本書，信手拈來就是趣味十足的遊戲題目，機會教育之餘，還可以創造家庭和諧。公司行號聚餐尾牙時，利用本書內容進行簡單的快問快答，增加無限趣味，創造團隊合作火花。閒暇獨處時，隨手翻閱本書，在毫無壓力的情境下，輕鬆吸收各種知識。

　　本書內容囊括時尚的環保話題，神祕的天文地理，充滿文化氣息的國學百科，還有現代人必備的金融常識。特別邀請博學賈聰明，帥氣馬蓋仙，以及天才林來瘋蒞臨。有了他們的加持，相信這本書將更能帶你深入知識百科的開心問答世界。

　　這就是一本這麼簡單又輕鬆的百科全書，讓你在無壓力的愉悅氣氛下，享受無窮無盡的趣味生活。

PART 1 賈聰明的常識營

PART 2 馬蓋仙的新知營

_A_P_R_T **3** 林來瘋的教育營

Part 1
賈聰明的常識營

冰箱內放的東西越少越省電嗎？

「美人魚」是哥本哈根市的標幟？

甲骨文最早是在哪種物品上發現的？

人在月球上走路會變得很輕鬆？

中國第一部神話小說是哪一本？

在賈聰明的常識營裡，你將接觸到更

多更好玩的知識，讓他們馬上變成你

的常識吧！

01. *電池沒電就沒用了，應該直接拿去回收對不對？*

賈聰明真的會 • • • • • • • • ☞ 錯

　　各種裝置需要的電力都不一樣，比如：電力不足以驅動電動玩具的電池，還可用於手電筒照明。手電筒燈光變暗後，還可以裝在收音機裡繼續使用一段時間。收音機聲音變小了，就把電池裝進鬧鐘裡，還能夠正常運行好幾年。

02. *空調的過濾網要經常摘下來徹底清洗，因為如果灰塵過多，就會導致空調用電增多。*

賈聰明真的會 • • • • • • • ☞ 對

　　另外，啓動睡眠功能可以節省20%的電力。空調不用時，應養成隨手關掉電源的習慣；開啓時也應儘量少開門窗，以減少室內外空氣循環，或室外熱空氣進入，有利於省電。

03. 洗衣機有強洗和弱洗的功能，弱洗會比較省電。

賈聰明真的會 • • • • • • • ☞ 錯

　　洗衣機有強洗和弱洗的功能，人們往往認為弱洗會比較省電。實際上強洗不僅比弱洗省電，還可以延長洗衣機的壽命。

04. 把新、舊電池接在一起用比較省電。

賈聰明真的會 • • • • • • • ☞ 錯

　　電池用舊了，內部的電阻增大，電壓降低，就不能再輸出較大的電流。如果把新、舊電池接在一起用，舊電池就成了電路中另一項電阻，會把電白白消耗掉，一直消耗到新、舊電池的電壓相等時才停止。因此，新舊電池不能合在一起使用。

05. *洗米水用來刷洗碗筷，可以比自來水洗得更乾淨。*

賈聰明真的會 • • • • • • • ☞ **對**

　　洗米水還有其他的妙用，如：用洗米水洗淺色衣服可以去污，而且令顏色鮮亮。用洗米水洗手有滋潤皮膚的作用。用洗米水漱口，可以治療口臭和口腔潰瘍。

06. *冰箱內放的東西越少越省電。*

賈聰明真的會 • • • • • • • ☞ **錯**

　　冰箱內放置三分之二滿的時候最能省電，冰存效果也最好。

07. *氡氣是一種無色、無臭的氣體。據研究顯示，這種氣體被人體吸入，將會附在肺組織上破壞肺細胞，導致肺癌。氡氣多源於木質地板，這句話對嗎？*

賈聰明真的會 • • • • • • • ☞ **錯**

這種氣體多源自水泥、大理石、花崗岩等。

08. 喝剩的茶用於擦洗門窗和傢俱效果非常好。

賈聰明真的會 • • • • • • • •  對

隔夜茶的其他用途還有：把茶葉曬乾，鋪撒在潮濕處，能夠去潮。茶葉曬乾後，還可以裝入枕套充當枕芯，睡起來非常柔軟。把茶葉撒在地毯或地墊上，再用掃帚拂去，茶葉就能帶走全部塵土。把茶葉曬乾，放到廁所或溝渠裡熏香，可消除惡臭，具有驅除蚊蠅的功能。

09. 空調是比較耗電的電器之一，最好在室外溫度超過30℃以上再使用。溫度設定不低於26℃，可以使空調的耗電量減到最小。

賈聰明真的會 • • • • • • • • 對

冷氣每調高1℃，可節省6%以上的電力。另外把白熾燈改成暖色調的LED燈，這樣在同樣亮度下，用電量可減少到原來的1/5。

10. 廚房要保持良好的通風環境，否則瓦斯或天然氣燃燒時沒有充足的氧氣，將會耗費更多的能源。

賈聰明真的會 • • • • • • • ■ ☞ 對

　　節省瓦斯的前提首先要注意廚房通風。因為每使用1立方公尺瓦斯，需要同時耗費25～30倍的空氣，使用1立方公尺天然氣則需要10～12倍空氣。如果因為空氣不暢通，致使燃燒不完全產生一氧化碳，不但危害身體，還連帶降低能源燃燒所產生的能量。

11. 傢俱中的苯、甲苯、二甲苯等揮發性有機污染物，可導致腰腿痛。

賈聰明真的會 • • • • • • • ■ ☞ 錯

　　「甲醛」輕則使人患急性結膜炎、鼻炎、過敏性皮膚炎、記憶力下降等，嚴重則可致癌。「苯」、「甲苯」、「二甲苯」等揮發性有機物則會造成嗜睡、頭痛、噁心、嘔吐、胸悶感。

12. 把魚缸裡換出來的水拿來澆花，比用其他的水澆花更有營養。

賈聰明真的會 • • • • • • • • ☞ 對

用從魚缸裡換出來的水澆花有三大好處：一水二用，可節約水資源；水中的餘氯已經揮發，用來澆花不會產生危害；魚類的排泄物可以轉成花木的有機肥料（因含量較少，不必擔心造成土壤污染）。

13. 被稱為「瓷器之都」的是景德鎮。

賈聰明真的會 • • • • • • • • ☞ 對

景德鎮是一座歷史悠久的江南名城，漢唐以來即以盛產陶瓷而著稱，宋代以後與漢口鎮、佛山鎮、朱仙鎮並列為全國四大名鎮，明清時期發展為中外聞名的瓷器之都，屬於歷史文化名城之一。

14. 世界最深的海溝位於大西洋。

賈聰明真的會 • • • • • • • • ☞ 錯

世界最深處位於太平洋的馬里亞納海溝。

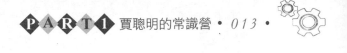

15. 「*El Nino*」這個名詞起源於發現此現象的科學家之名。

賈聰明真的會 • • • • • • • ☞ 錯

　　「El Nino」一詞源於西班牙語，原意爲「聖嬰」。19世紀初時，南美洲的厄瓜多爾、祕魯等西班牙語系國家漁民們發現，每隔幾年就會在10月至第二年的3月間出現一股沿海岸線南移的暖流，這股暖流一出現，性喜冷水的魚類就會大量死亡，導致漁民的損失。由於這種現象往往在耶誕節前後最嚴重，無可奈何的漁民於是將此現象稱爲上帝之子——聖嬰。後來此詞語在科學上又被用來代表祕魯和厄瓜多爾附近幾千公里的東太平洋海面溫度異常增溫的現象。

16. 長江從東向西流，而黃河卻恰恰相反，是由西向東流。

賈聰明真的會 • • • • • • • ☞ 錯

　　中國大陸地勢西高東低，長江和黃河都是從西向東流。

17. 「美人魚」是哥本哈根市的標幟。

買聰明真的會 • • • • • • • ☞ 對

　　哥本哈根共有二十多個博物館和十多個大大小小的公園，其中最著名的是哥本哈根朗厄里尼港灣畔的邱吉爾公園，這兒有一塊巨大的岩石，上頭矗立著一尊世界聞名的「美人魚」銅像。這是丹麥雕塑家埃里克森於1913年根據安徒生童話故事《美人魚》所塑造的。它就像倫敦的大橋、巴黎的鐵塔一樣，從此成為哥本哈根的標誌。

18. 如果在太空船上點燃火柴，火焰會立即熄滅，這是由於氧氣不夠的關係。

買聰明真的會 • • • • • • • ☞ 錯

　　是因為空氣不會對流。

19. 匯入大西洋的河流中，最長的是亞馬遜河。

買聰明真的會 • • • • • • • ☞ 對

　　亞馬遜河全長6440公里，在世界河流中位居第二，僅次於長6695公里的尼羅河。亞馬遜河每秒注入大西洋

的水有116000立方公尺之多，占全球入海河水總流量的五分之一。流量比剛果河（又稱薩伊河）多三倍，比密西西比河多十倍，比尼羅河多六十倍。

20. 義大利航海家哥倫布環遊世界，證明地球是圓的。

賈聰明真的會 • • • • • • • ■ ☞ 錯

環遊世界之後證明地球是圓的人是義大利航海家麥哲倫。

21. 漢白玉是一種名貴的石頭。

賈聰明真的會 • • • • • • • ■ ☞ 對

白玉就是純白色的大理石，屬於一種石灰石。中國古代各朝很喜歡用這種石料製作宮殿中的石階和護欄，所謂「玉砌朱欄」，華麗如玉，所以稱作漢白玉。北京紫禁城天安門前的華表、金水橋、宮內的宮殿基座、石階、護欄都是用漢白玉砌成的。

22. 活馬博物館位於英國倫敦。

賈聰明真的會 • • • • • • • ☞ 錯

活馬博物館位於法國巴黎。

23. 雅魯藏布江大峽谷是全球熱帶雨林分佈緯度最高的地區。

賈聰明真的會 • • • • • • • ☞ 對

雅魯藏布江大峽谷地處北回歸線以北5度，長496.3公里，平均深度5000公尺，其中南迦巴瓦峰和佳拉白壘峰之間的深度為5382公尺，是峽谷最深處，深度位居世界第一。

24. 人在月球上走路會變得很輕鬆。

賈聰明真的會 • • • • • • • ☞ 對

人的體重是因為地球的地心引力而決定，所以處在月球上時，體重同樣是因為月球的地心引力而決定。而地球的體積是月球的六倍，故月球對人的引力只有地球的1/6，所以人在月球上行走會感覺很輕鬆。

25. *地球自轉的速度是永遠不變的。*

賈聰明真的會 • • • • • • • ☞ 錯

　　經過科學家們的反覆驗證，地球的自轉速度並不是一成不變的，而是有時快、有時慢。自轉速度也因季節的不同而變化，1年之中8～9月自轉速度最快，3～4月自轉速度最慢。不僅是1年內自轉速度不平均，每年自轉速度同樣有差異。近300年中，地球自轉最快的年度是1870年，最慢的是1903年。

26. *熱空氣會往上升，冷空氣會往下降。*

賈聰明真的會 • • • • • • • ☞ 對

　　當冷熱兩種氣流相遇的時候，熱氣流密度小，冷氣流密度大，當冷氣流下降時就會把熱氣流擠上去了。

01. 使用金屬弦的揚琴，是否屬於「絲竹」樂器？

A. 是　　　　　　　　B. 不是

賈聰明真的會 • • • • • • • •  Ⓐ

　　絲竹樂是指絲弦樂器與竹管樂器所演奏的音樂，屬於傳統國樂，其中揚琴這種絲竹樂器來自於江南。

02. 請問相聲是來自南方還是北方的戲曲？

A. 北方曲種　　　　　　B. 南方曲種

賈聰明真的會 • • • • • • • •  Ⓐ

　　相聲是屬於北方的曲種。相聲是以語言為主要表演手段的喜劇藝術。最初用的是北京話，現今各地都已發展出以當地方言所講的方言相聲。

03. 下列哪一部經典可說是中國最古老的詩歌總集？

A. 三字經　　　　B. 詩經

賈聰明真的會 • • • • • • • • • ☞ B

中國文化歷史悠久，素有詩國之稱，早在2500多年前，我們的祖先就已經開始詩歌的創作，這些古老的作品被集結保存成一部最古老的詩歌總集《詩經》。《詩經》本稱「詩」、「詩三百」、「詩三百篇」。漢代學者尊爲經典，故稱《詩經》。

04. 神話是最古老的文學之一，是人類在發展初期，生活及智慧尚未完全開發前，以天馬行空的想像力所創造出來的瑰麗故事。請問以下哪一項不屬於古代神話？

A. 女媧補天　　　　B. 荊軻刺秦王

賈聰明真的會 • • • • • • • • • ☞ B

荊軻刺秦王是真實的歷史故事。荊軻是戰國末期衛國人。在「秦且滅六國，兵以臨易水」之際，被燕太子丹尊爲上卿，臨危受命，行刺秦王。不果，被殺。最早見於《戰國策・燕策三》，此文以曲折生動的故事情節

成功塑造了這位千古奇士的形象。而神話「女媧補天」歌頌造物主女媧，描述當時人們對天地形成的理解。

05. 「名不正則言不順」是哪一家的思想。

A. 儒家　　　　B. 法家

賈聰明真的會 • • • • • • • ☞ A

「名不正則言不順」是儒家思想，另外如：仁者愛人，亦屬於儒家的思想。

06. 中國第一部神話小說是哪一本？

A. 《西遊記》　　　　B. 《山海經》

賈聰明真的會 • • • • • • • ☞ B

《山海經》是先秦古籍，是最古老的一部富有神話色彩的地理書，主要記述古代地理、物產、神話、巫術、宗教等，也包括古史、醫藥、民俗、民族等方面的內容。有一說認為本書為夏禹所作，這個說法不可信。本書成書並非一時，作者亦非一人，直到西漢時才合編在一起。

07. 人們常用「愚公移山」的傳說來形容有恆心、有毅力的人，那麼傳說中愚公移的是哪兩座山？

A. 泰山和黃山　　　B. 太行山和王屋山

賈聰明真的會 ● ● ● ● ● ● ● ● ● 👉 Ⓑ

　　《愚公移山》中原文是：「太行、王屋二山，方七百里，高萬仞。本在冀州之南，河陽之北。」

08. 西洋管弦樂隊中的單簧管是屬於哪一種樂器？

A. 木管樂器　　　B. 鐵管樂器

賈聰明真的會 ● ● ● ● ● ● ● ● ● 👉 Ⓐ

　　單簧管廣泛應用於管弦樂隊、軍樂隊、爵士樂隊和輕音樂隊等，屬於木管樂器，俗稱黑管。

09. *Montage 一詞源於法語，原為建築術語，意思是「構成、裝配」的意思。後來被延伸在影像藝術中，請問電影界通常用什麼術語代表 Montage？*

A. 特技攝影　　　　　B. 蒙太奇

買聰明真的會 • • • • • • •  B

　　蒙太奇是指以某種素材為本，構成電影的處理方式。導演、剪輯和音響可以把各個鏡頭畫面按照時間順序連接起來，也可以把一些畫面交錯排列成某種印象或某種聯想，帶出強烈的效果。特技攝影技術的運用很廣泛，如：人或動物的飛騰、倒行逆動、鬼域仙境等，有快速、慢速等非正常攝影方式。近年來，由於電腦技術的介入，特技攝影更是出神入化，達到了另一個巔峰。

10. *最早的古箏與古琴相比，哪一種樂器的弦較多？*

A. 古琴　　　　　B. 古箏

買聰明真的會 • • • • • • •  A

　　古琴是用一整塊木頭做成的，琴面有七根弦，古稱「七弦琴」，屬彈撥樂器類。而古箏則由框板、面板和底板構成，最早有5根弦，後來逐漸發展為12、13、16、21弦，現在還有24弦和26弦箏，最普及的為21弦。

11. 「弄璋」是指生了：

A. 男孩　　　　　B. 女孩

賈聰明真的會・・・・・・・・・ ☞ Ⓐ

　　從前，把生男孩子叫「弄璋之喜」，生女孩子叫「弄瓦之喜」。「弄璋、弄瓦」典故出自《詩經・小雅・斯干》：「乃生男子，載寢之床，載衣之裳，載弄之璋。……乃生女子，載寢之地，載衣之褯，載弄之瓦。」璋是指好的玉石；瓦則是紡車上的零件。男孩弄璋、女孩弄瓦，其實帶有重男輕女的意思。

12. 人們常說「三十六計，走為上策」，這句話是什麼意思？

A. 「走為上策」是三十六計中最好的一計。

B. 走為上，是第三十六計。

賈聰明真的會・・・・・・・・・ ☞ Ⓑ

　　「三十六計，走為上策。」是指在我不如敵的情況下，為保存實力，主動撤退。所謂上策，並不是說「走」在三十六計中是上計，而是在敵強我弱的情況下，我方有幾種選擇：一是求和、二是投降、三是死拼、四是撤退。當這四種選擇中，前三種完全沒有機會出勝時，就

只剩下第四種了。撤退，可以保存實力，以圖捲土重來，這是最好的選擇，因此「走」為上。

13. 「涇渭分明」指的是：

A. 涇水清，渭水濁　　　B. 渭水清，涇水濁

渭河是黃河最大的支流，涇河又是渭河的支流。「涇渭分明」這一句成語即源出涇渭兩河交匯處。據考證，唐代詩人杜甫的《秋雨嘆》中「濁涇清渭何當分」大概就是這則成語的雛形了。

14. 「敲門磚」一詞源於以下哪個行為？

A. 考試　　　　　　B. 拜師

古時參加考試前，考生會先將八股文的套路練熟後再去參加科舉考試。一旦考中，便將八股文那一套完全拋棄掉。八股文對當時的讀書人來說，就像敲門磚一樣，一旦進了門，就毫無用處。現在則引申為達到目的時所採用的某種手段，目的達到後就拋棄不用了。

15. 漢字筆劃最少的一筆字有幾個？

A. 一個　　　　　　B. 兩個

賈聰明真的會 ● ● ● ● ● ● ● ● ☞ B

能夠一筆寫完的漢字就是：一和乙。

16. 「屢見不鮮」的「鮮」字的本意是指什麼？

A. 新殺的禽獸　　　B. 稀有之物

賈聰明真的會 ● ● ● ● ● ● ● ● ☞ A

鮮，本指新殺的禽獸，引指新鮮。「屢見不鮮」原意是說：對於常客就不必宰殺禽獸來款待了。後來被引申為：看到很多次之後，就不覺新奇了。

17. 「陽關大道」原是指通往哪裡的道路？

A. 中原 　　　　　　B. 西域

買聰明真的會 • • • • • • • • 👉 **B**

　　陽關大道原是指古代經過陽關通往西域的大道。語出王維《送劉司直赴安西》：「絕域陽關道，胡沙與塞塵。」

18. 「豆蔻年華」指的是女子幾歲？

A. 12 歲 　　　　　　B. 13 歲

買聰明真的會 • • • • • • • • 👉 **B**

　　「豆蔻年華」這句成語，出自唐代杜牧《贈別》詩：「娉娉嫋嫋十三餘，豆蔻梢頭二月初。」後稱女子十三四歲的年紀為「豆蔻年華」。

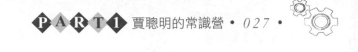

19. 紐約自由女神舉著火炬的是哪一隻手？

A. 左手　　　　　B. 右手

 B

　　自由女神像右手高舉火炬，左臂抱著美國《獨立宣言》。

20. 向東飛行的飛機，在飛越國際換日線時，應將日期加一天還是減一天？

A. 加上一天　　　　　B. 減去一天

 B

　　向東跨越國際換日線時，必須減去一天。

21. 一般家裡擺設的花朵都是用鮮花或是壁畫，但在義大利的教堂裡有一種令人驚訝的裝飾物。請問是什麼？

A. 人的屍骨　　　　B. 人的頭髮

賈聰明真的會 • • • • • • • •  A

羅馬的卡布奇諾教堂就是用人骨裝飾的人骨教堂！最令人驚訝的是，這裡竟有4000多具的屍骨。這些屍骨是1528到1870年間在這裡修行的修行者留下的屍骨。教堂共分6間，每個屋子都用屍骨裝飾，有用屍骨堆成的祭壇、拱門，還有用屍骨做成的天花板。走廊裡有用屍骨做的燭台，就連屍骨做的吊燈都有。

22. 小明要去西藏旅遊，媽媽要他多帶點糖，請問這個做法對嗎？

A. 對　　　　B. 不對

賈聰明真的會 • • • • • • • •  A

在高原地區旅行應該多食用含糖食品，千萬不要過量飲酒，甚至最好戒酒。

23. 對我們而言，洗完衣服拿到陽台上晒乾，是一件再自然不過的事。但在巴黎卻沒有人這麼做，為什麼？

A. 法律規定不許把衣服晾在窗外，否則就要罰款。

B. 巴黎的天氣不好，污染嚴重，所以巴黎人一般不在外面晾衣服，而用烘乾機把衣服烘乾。

賈聰明真的會 • • • • • • • • ☞ A

巴黎為了保持市容美麗，通過了不許在外面晾衣服的法律，曬被子就更不可以了。就算想砍院子裡的一棵樹，也要經過市政府允許。而屋子裡晾的衣服要是掉到外面，也都是犯法的。

01. 在寫信時，人們會在信的結尾寫上「此致」、「敬禮」。請問「此致」是什麼意思？

A. 表示致敬　　　B. 到此為止　　　C. 奉上、敬上

賈聰明真的會 • • • • • • • 👉 B

　　「此」是指前面信中所寫的內容。「此」字的作用在於概指前文，了結全篇。「致」者，盡也，含有給予或呈獻之意。「此致」二字連用，意思是「上面的話都說給你聽了」。表示信已經寫完的意思。

02. 甲骨文最早是在哪種物品上發現的？

A. 青銅器　　　B. 藥材　　　C. 墓碑

賈聰明真的會 • • • • • • • 👉 B

　　清光緒二十五年秋，當時任國子監祭酒的王懿榮得了瘧疾，便派人到宣武門外菜市口的達仁堂中藥店買回一劑中藥。王懿榮無意中看到一味叫做龍骨的藥品上刻

劃著一些符號，仔細研究過後，才知這就是中國最古老
的文字——甲骨文。

03. 下列詩人中，哪個是「初唐四傑」中的詩人？

A. 王績　　　　B. 王勃　　　　C. 王維

賈聰明真的會・・・・・・・・☞ B

　　「初唐四傑」是初唐文學家王勃、楊炯、盧照鄰、
駱賓王的合稱。《舊唐書・楊炯傳》說：楊炯與王勃、
盧照鄰、駱賓王以文詩齊名，合稱爲王楊盧駱，亦號爲
「四傑」。

04. 中國四大古典美女不包括下列哪一位？

A. 貂蟬　　　　B. 林黛玉　　　　C. 楊玉環

賈聰明真的會・・・・・・・・☞ B

　　「林黛玉」是四大名著之一《紅樓夢》中的人物。
中國四大古典美女指的是貂蟬、西施、王昭君、楊玉環。

05. 「陛下」是古代人對君王的尊稱，其中「陛」的意思是：

A. 宮殿的台階　　B. 天的別稱　　C. 玉璽

賈聰明真的會 • • • • • • • 👉 A

陛是指宮殿下的台階，表示人臣奏事，必須請台階下的近臣轉呈，不敢直接驚動皇帝，以示對皇帝的尊敬。同樣，對於居住在宮殿內的其他皇族，如：太子、公主等，均統稱為殿下，以示尊崇。對皇后也可稱陛下。

06. 請問下列哪一位是唐代文學家？

A. 王安石　　B. 范仲淹　　C. 韓愈

賈聰明真的會 • • • • • • • 👉 C

韓愈是唐代的文學家，其他是宋代的文學家。

07. 「白璧無瑕」的「瑕」是指玉上的什麼？

A. 裂痕　　B. 小洞　　C. 小斑點

賈聰明真的會 • • • • • • • 👉 C

「白璧無瑕」是指潔白的美玉上連一點小斑點都沒

有，比喻人或者事盡善盡美。語出宗釋道原《景德傳燈錄》。

08. 成語「脫穎而出」的「穎」是什麼意思？

A. 優秀　　　　B. 稻穗　　　　C. 錐子把上的環

賈聰明真的會 • • • • • • • ☞ C

　　「脫穎而出」這個成語出自漢・司馬遷《史記・平原君虞卿列傳》。戰國時，秦國攻打趙國。趙國平原君奉命到楚國求助，毛遂請求讓自己也跟去。平原君說：「有本事的人，在人群中，就如錐子放在布袋一樣，尖兒立刻露出來。你在我家已有三年，但我從未聽說過你的名字，看來你沒有什麼能耐，還是不要去了。」毛遂說：「若我真如錐子被放在布袋裡，就會連錐子上面的環也露出，豈止只露出尖兒！」後來毛遂就跟著去，並且果然幫了平原君大忙。「脫穎而出」中的「穎」指的就是錐把上的環，這個成語是比喻人在適當的時機迅速地顯現出才幹。

09. 古代人把立於門前用來辨識日影或拴住馬匹的石柱稱為碑。秦朝時，碑被稱為什麼？

A. 刻石　　　　B. 石像　　　　C. 神柱

賈聰明真的會 • • • • • • • A

　　古時人們把立於門前的用以辨識日影或拴住馬匹的石椿稱為碑。後來，發展為人死入葬時，在墓坑周圍樹立石椿（也稱為碑）並鑽上孔，用來繫繩徐徐下棺。這時的碑並不具任何紀念意義，只是行葬的一種工具。後來有人在立於墓旁的石碑上鐫刻紀念文字，為死者歌功頌德。這便是「樹碑立傳」的由來。碑在秦代被稱為刻石，到漢代才稱為碑。

10. 下列哪一位詞人的作品以風格豪放著稱？

A. 柳永　　　　B. 蘇軾　　　　C. 李清照

賈聰明真的會 • • • • • • •  B

　　蘇軾是豪放派的代表，所謂的豪放風格乃是以充沛激昂甚至悲涼的感情融入詞中，以慷慨豪邁的形象和闊大雄壯的場面取勝。蘇東坡之所以被後世尊為「豪放派」之鼻祖，主要是因為他描寫抱負與理想的詞作中，總是

傳達著壯志豪情，表現出與眾不同的慷慨激昂，爲詞風轉變之先河。蘇東坡的代表作有《江城子》、《水調歌頭》、《赤壁懷古》等。

11. 在「如魚得水」這個成語的典故裡，劉備把自己比做「魚」，又把誰比做「水」？

A. 諸葛亮　　　B. 張飛　　　　C. 關羽

賈聰明真的會・・・・・・・・・・・👉 A

　　據《三國志》記載，劉備和諸葛亮的關係日漸親密，關羽、張飛等人不滿意，劉備便向他們解釋：「孤之有孔明，猶魚之有水也。願諸君勿複言。」

12. 祝壽用語「壽比南山」中的南山指的是哪座山？

A. 西安終南山　　B. 南面的山　　C. 三亞南山

賈聰明真的會・・・・・・・・・・・👉 A

　　終南山簡稱南山，是秦嶺山脈的其中一段，爲道教發祥地。「壽比南山」意思是指像南山一樣長久，用於祝人長壽。

13. 草書、楷書、隸書三種字體當中哪一種是其餘三種的起源？

A. 草書　　　　B. 楷書　　　　C. 隸書

 賈聰明真的會 • • • • • • • • ☞ C

　　隸書是由篆書演化而成，後來又經過多次演變。隸書的演變過程具有承先啓後的意義，對草書和楷書的形成有重要作用。

14. 中國古代科舉制度中，除常科、制科之外還有以武取才的設置，武舉制度是由誰設立的？

A. 李世民　　　　B. 李隆基　　　　C. 武則天

 賈聰明真的會 • • • • • • • • ☞ C

　　一代女皇武則天創立選拔武將的武舉考試，到了清朝改稱武科。歷史上武舉考試一共舉行過500次。相對於文舉，武舉較爲不被重視。歷朝的武舉時而被廢，時而恢復。武舉出身的地位也低於文舉出身的進士。

15. 種痘術起源於哪個朝代？

A. 唐朝　　　　B. 元朝　　　　C. 明朝

賈聰明真的會 • • • • • • • •  **C**

　　種痘術最早是在16世紀中葉由中國人所發明。明朝隆慶年間（1567～1572年），中醫率先找到了對付天花的方式，那就是人痘接種。在《張氏醫通》（1695年）和《醫宗金鑑》（1742年）兩部醫學著作中，記述了痘衣法和鼻苗法兩種人痘接種方式。到了清朝，康熙大力提倡種痘術推行全國，很多國家都派人來中國學習。

16. 人們形容唐朝書法家顏真卿和柳公權的書法風格常用哪四個字？

A. 顏筋柳骨　　　B. 柳筋顏骨　　　C. 顏勁柳骨

賈聰明真的會 • • • • • • • •  **A**

　　顏真卿和柳公權都繼承了王羲之的書法成就，又有各自新的發展。顏字多筋，柳字多骨，顏字端莊雄偉、筆遒力健，柳書字形清瘦，風骨剛勁。他們的書法是中國文化的精華之一。

17. 中國繪畫理論最早的功能是什麼？

A. 「使民知神奸」

B. 以形寫神

C. 存形莫善於畫

 C

在中國文化史上，繪畫是一個很重要的部分，正如陸機所言：「宣物莫大於言，存形莫善於畫。」

18. 江南的古典園林豫園坐落於那裡？

A. 蘇州　　　　B. 杭州　　　　C. 上海

 C

豫園始建於明嘉靖38年，占地70餘畝，規模宏偉，被譽為「東南名園之冠」。現在是上海市內唯一一座保存完好的江南古典園林，是國家重點文物保護單位。

19. 「三月不知肉味」這句話一般用來形容什麼？

A. 詩歌　　　　B. 音樂　　　　C. 小說

賈聰明真的會 • • • • • • • • 👉 B

　　這句話出自《論語·述而》：「子在齊聞《韶》，三月不知肉味。」說的就是孔子聽韶樂時聽得非常專注。

20. 中國古代有一位偉大的和平使者，他的政治思想主張是「兼愛」、「外攻」。請問這位思想家是誰？

A. 孟軻　　　　B. 墨翟　　　　C. 莊周

賈聰明真的會 • • • • • • • • 👉 B

　　墨翟認為當時國與國之間「以強劫弱」、「以眾暴寡」的攻伐兼併戰爭是不義的行為，因此他一生都為了反對不義的戰爭而到處奔走。而孟軻的思想核心和言行規範是「仁義」，他主張「仁政」和「王道」，竭力反對暴政、霸道。尤為可貴的是他的「民為貴、社稷次之、君為輕」的政治主張。莊周終身不仕，憤世嫉俗，蔑視榮華富貴，幻想同天地並生，與萬物齊一，清靜無為，逍遙而自得。

21. 下列哪一項不屬於韓非子的思想？

A. 君權神聖。

B. 青出於藍而勝於藍。

C. 歷史是向前發展的，治國立法應隨時代的變化而變化。

賈聰明真的會 • • • • • • • • B

「青出於藍而勝於藍」是荀子名作《勸學》中的名句。

22. 奧運會的五環旗象徵著什麼？

A. 五湖四海

B. 五穀豐登

C. 五大洲運動員的友誼和團結

賈聰明真的會 • • • • • • • •  C

奧運五環象徵五大洲的團結，全世界的運動員以公正、坦率的比賽和友好的精神，在奧運會上相見。

23. 象棋的棋盤上呈「米」字形的方框稱什麼？

A. 九宮　　　　B. 迷宮　　　　C. 方宮

賈聰明真的會 • • • • • • • • • ☞ A

　　棋盤是一個長方形的平面，上繪有九條平行直線和十條平行橫線，彼此相交形成九十個交叉點，棋子就擺在這些交叉點上。第五、第六兩橫線之間未畫分隔線的空白地帶稱為「楚河漢界」，將整個棋盤劃分為相等的兩部分；而兩方將帥坐鎮，畫有「米」字方格的地方，就叫做「九宮」。

24. 國際圍棋比賽中，先走的是白棋還是黑棋？

A. 黑棋　　　　B. 白棋

賈聰明真的會 • • • • • • • • • ☞ B

　　國際圍棋規則比較簡單，白棋先走，黑棋後走。雙方輪流走子，一次走一步，棋子必須下在棋盤的方格上。

25. 運動會上，參加完短跑比賽跑到終點後，應該怎麼做？

A. 立即停下來

B. 馬上喝水補充水分

C. 做慢走等舒緩運動

賈聰明真的會 • • • • • • • • • C

劇烈運動後應注意不宜立即停下來休息；不宜立即大量飲水；不宜馬上洗冷水澡、游泳、吹風或進入空調空間；不宜立即飲啤酒；不宜立即吃飯。

26. 人們習慣把球員在足球比賽中攻進三球稱為什麼？

A. 帽子戲法　　B. 足球戲法　　C. 古彩戲法

賈聰明真的會 • • • • • • • • •  A

「帽子戲法」是指某一球員在比賽中接連攻進了三個球。

27. 女性運動員所擲的鉛球重量是多少？

A. 3 公斤　　　B. 4 公斤　　　C. 5 公斤

 B

　　鉛球運動起源於14世紀，當時歐洲已經有了火炮，炮彈是呈圓球形的鐵球，炮兵們常用這種炮彈，或是近似這種炮彈的石頭進行擲遠比賽，而後逐漸形成了擲鉛球運動。由於當時炮彈的重量爲16磅（合爲7.257公斤），於是這個重量便成爲男子鉛球的標準重量。後來國際田徑聯盟將此重量改爲7.26公斤，女子鉛球的重量則爲4公斤。

28. 舉重比賽的級別是按什麼來分的？

A. 槓鈴重量　　B. 運動員體重　　C. 年齡

 B

　　舉重比賽是按照運動員的體重不同來分級，這個規則是從1920年第七屆奧運會開始的。

這些知識有點酷

四選一

01. 人類研究癌細胞多年，瞭解了很多有關癌細胞的知識。癌細胞有無限繁殖的特性，所以會為人類的健康和生命造成危害。但若能好好利用這項特性也能為人類造福，利用這個特性所發展的生物技術是什麼？

A. 多株抗體技術　　　B. 單株抗體技術

C. 抗體技術　　　　　D. 補體技術

賈聰明真的會 • • • • • • • • ☞ B

　　1975年科學家米爾斯坦及柯勒博士，用羊的紅血球對小老鼠進行免疫實驗，然後從免疫小老鼠的脾臟細胞中得到羊紅血球的抗體。但脾細胞在體外不易大量繁殖，於是他們設法將老鼠的骨髓瘤細胞與免疫脾細胞融合，這種雜合細胞既能迅速大量繁殖又能產生專一的抗體，這就是單株抗體技術。

02. 愛迪生是偉大的發明家，他一生中發明了數以千計適用於民生的產品，他的第一項專利是：

A. 電燈 　　　　　　　B. 留聲機

C. 投票記錄機 　　　　D. 鐳射手術刀

賈聰明真的會 • • • • • • • • 👉 C

　　1868年，愛迪生以報務員的身份來到了波士頓。同年，他獲得了第一項發明專利權，這是一台自動記錄票數的裝置。

　　愛迪生認為這台裝置會加快國會的工作，一定會受到歡迎。然而一位國會議員告訴他說，他們無意加快議程，有時候慢慢地投票乃是出於政治上的需要。從此以後，愛迪生決定再也不花時間在人們不需要的任何發明上。

03. 在對流層中，高度每上升100公尺，溫度大約下降多少度？

A. 0.3⁰C 　　　　　　B. 0.6⁰C

C. 0.8⁰C 　　　　　　D. 1⁰C

賈聰明真的會 • • • • • • • • 👉 B

　　對流層位於大氣的最底層，其下界與地面相接，上

界高度則隨緯度和季節而變化。

在低緯度地區平均高度為17～18公里，在中緯度地區平均為10～12公里，極地平均為8～9公里，並且夏季高於多季。對流層中，氣溫隨高度升高而降低，平均每上升100公尺，氣溫約降0.65℃。

04. *細胞生長時，細胞壁會表現出什麼特性：*

A. 可逆性　　　　　B. 可塑性
C. 彈性　　　　　　D. 剛性

賈聰明真的會 • • • • • • •  C

細菌和藍藻等細胞也有細胞壁。初生壁具有彈性，可隨細胞生長而伸長。

05. *人造衛星的成功發射開創了人類航太新紀元，世界上第一顆人造衛星是由哪一個國家發射的？*

A. 蘇聯　　　　　B. 美國
C. 日本　　　　　D. 英國

賈聰明真的會 • • • • • • •  A

1957年10月4日，蘇聯成功發射了世界上第一顆人造衛星——「衛星一號」。

06. 人一接近自動門，門就會打開，這是因為門上安裝了什麼？

A. X 射線感測器　　　B. 紅外線感測器

C. 紫外線感測器　　　D. 燈光感測器

賈聰明真的會・・・・・・・・・☞ B

　　人一接近自動門，紅外線感測器就接收到人體反射的電磁波，藉以控制門的開關。

07. 人類因面臨組織移植以及器官移植嚴重短缺，所以基因轉殖技術(Transgenic)的問世為人類帶來福音。人們首先想到能夠利用轉基因技術為人類提供組織或器官的動物是？

A. 猴　　　　　　　B. 黑猩猩

C. 豬　　　　　　　D. 羊

賈聰明真的會・・・・・・・・・☞ C

　　科學家們首選的異種器官移植供體動物是豬。

　　主要原因是：豬的器官大小與人相似，生理結構與人類也相近，此外豬的抗原與人類相近，加上生長週期短、投資少等經濟考量，故選擇豬為主要基因轉殖動物。

　　豬身上有許多具藥用價值的蛋白質，且多年來直接用於治療人類疾病期間並無不良反應，如豬胰島素等。

08. 許多城市都有電視塔，儘管電視塔的造型繁多，但它們的塔身都是圓柱形的，下面哪個選項不是電視塔建成圓形的原因呢？

A. 受力合理　　　　B. 防止「風噪音」
C. 用料省　　　　　D. 美觀

賈聰明真的會 • • • • • • • • •  D

　　橫截面呈三角形的柱狀物體，具有最大縱向支援力；橫截面是圓形的圓柱狀物體，具有最大的橫向承受力，類似形態的建築材料隨處可見，如電視塔、電線杆等。

09. 最早發明自行車充氣輪胎的人本身從事的職業其實是：

A. 老師　　　　　　B. 花匠
C. 牧師　　　　　　D. 獸醫

賈聰明真的會 • • • • • • • • • D

　　早期自行車的橡膠輪胎是實心的。1888年，貝爾法斯特的獸醫鄧洛普研製出一種充氣輪胎，自此大大推動自行車工業的發展。

10. 生物科學發展到今天，生物技術研究的項目也已經從微生物擴展到動、植物，又從陸地生物擴展到海洋生物，繼80年代出現的蛋白質工程之後，又出現的生物技術是：

A. 海洋生物技術　　　B. 空間生物技術

C. 陸地生物技術　　　D. 複製技術

賈聰明真的會  A

　　海洋生物技術的基礎是分子生物學。透過改變遺傳分子，海洋學家開始研究人工設計海洋生物性狀的可能性。

11. 平常吃的加碘鹽中加的是：

A. 碘化銀　　　　　　B. 碘化鉀

C. 碘化汞　　　　　　D. 碘化鎂

賈聰明真的會  B

　　碘化鈉或碘化鉀都可以加到食鹽中，用來防治甲狀腺腫大，但通常加的都是碘化鉀。

12. 「諾貝爾獎」是當今世界自然科學、社會科學等方面的頂級獎項,諾貝爾基金會設立在下面哪個國家?

A. 瑞典　　　　　B. 瑞士

C. 法國　　　　　D. 美國

賈聰明真的會 •　•　•　•　•　•　•　 Ⓐ

　　瑞典有一位著名的發明家、化學家名叫諾貝爾,在1895年11月27日寫下遺囑,捐獻全部財產設立基金,每年把利息作為獎金,授予「一年來對人類做出最大貢獻的人」。

　　瑞典政府於同年設立「諾貝爾基金會」,負責頒發此獎。

13. 「病毒」是我們經常聽到的名詞之一,生物學中關於病毒的表述正確的是:

A. 含有核酸和蛋白質,不寄生於細胞內。

B. 所有病毒都由一組程式組成。

C. 所有病毒都含有核酸成分,寄生於細胞內。

D. 大部分病毒含有核酸和蛋白質成分,有些只含有其中一種,但都寄生於細胞內。

賈聰明真的會 • • • • • • • • ☞ D

　　細菌是微生物，而病毒是DNA（去氧核糖核酸），與蛋白質一樣是由氨基酸合成的。病毒、細菌依照結構與感染方式區分如下：病毒是一種非細胞形態的微生物，體積小，無細胞器，由基因組核酸和蛋白質外殼組成。基因組僅含一種類型的核酸或者是核糖核酸（RNA）或者是去氧核糖核酸（DNA）。而病毒只有進入了人體細胞內才能生存和複製。

14. 被譽為生命科學「登月」計劃的是：

A. 昆蟲腦計劃　　　　B. 蛋白質資料銀行計劃
C. 人類和生物圈計劃　D. 人類基因體計劃

賈聰明真的會 • • • • • • • • ☞ D

　　人類基因體計劃被譽為生命科學領域的「阿波羅登月計劃」，是人類生命科學史上最偉大的工程之一，是研究人類DNA的全球性合作計劃。

15. 網路中的「防火牆」一詞最初來源於：

A. 建築業　　　　　B. 運輸業
C. 銀行業　　　　　D. 保險業

賈聰明真的會 • • • • • • • • • •  A

　　「防火牆」一詞來源於建築業，指建築中特殊設計的牆，能夠阻止火苗蔓延到其他區域，或延遲蔓延的速度。網路中的防火牆能夠保護內部網路，以免受外界攻擊。

16. 生理時鐘是指？

A. 人體的生長發育
B. 心跳的節律
C. 呼吸的節律
D. 人體內功能按時間順序重複的節律

賈聰明真的會 • • • • • • • • • • 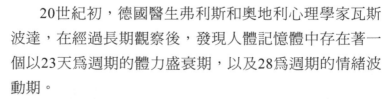 D

　　20世紀初，德國醫生弗利斯和奧地利心理學家瓦斯波達，在經過長期觀察後，發現人體記憶體中存在著一個以23天為週期的體力盛衰期，以及28為週期的情緒波動期。

　　後來奧地利的泰爾其爾教授又發現，人的智力存在

著一個從出生之日算起，以33天爲週期的「智力強弱週期」。

他們的發現揭開了人的體力、情緒和智力存在著週期性變化的祕密。這三個像鐘錶一樣循環的節律，又被人們稱作「生理時鐘」，或稱時間生物學、生物鐘學。

17. 生物體的基本單位是：

A. 器官　　　　　B. 分子
C. 組織　　　　　D. 細胞

賈聰明真的會 • • • • • • • • ☞ D

生物體的基本結構和功能單位是細胞，細胞形狀有很多種，主要由細胞核、細胞質、細胞膜等構成，植物的細胞膜外面還有細胞壁。存在於細胞核中的染色體就是能被鹼性染料染色的絲狀或棒狀體，在細胞分裂時可以觀察到。染色體是由核酸和蛋白質組成，是遺傳的主要物質。

18. 證明雷電是大氣放電現象的科學家是：

A. 伽利略　　　　　　B. 愛迪生
C. 富蘭克林　　　　　D. 法拉第

賈聰明真的會 • • • • • • • • C

在二百多年前，美國科學家富蘭克林在雷雨天利用放風箏實驗，證明了雷擊是大氣的放電現象，並建立了雷電學說。

19. 地球同步氣象衛星的軌道高度應該是：

A. 35800 公里　　　　B. 24900 公里
C. 8000 公里　　　　　D. 13000 公里

賈聰明真的會 • • • • • • • •  A

地球同步氣象衛星的運行高度約為35800公里，其軌道平面和地球的赤道平面重合，運行週期和地球自轉週期相等。

20. *打針時，正確的消毒方式是：*

A. 先擦酒精，後擦碘酒
B. 先擦碘酒，後擦酒精
C. 擦紅藥水消毒
D. 酒精與碘酒同時擦

 賈聰明真的會・・・・・・・・・・ B

在傳統的注射消毒方式中，先擦碘酒，後擦酒精。因為碘酒在皮膚上消毒後會有刺激性，再用酒精可以擦去碘酒。

21. *幹細胞治療是一項新的生物治療技術，這類細胞具有的特點是：*

A. 具有分裂能力，但不能進一步分化成不同類型的細胞
B. 不具有分裂能力，也不能進一步分化成不同類型的細胞
C. 不具有分裂能力，但能進一步分化成不同類型的細胞
D. 具有分裂能力，也能進一步分化成不同類型的細胞

賈聰明真的會・・・・・・・・・・ D

幹細胞是指具有無限或較長期的自我更新能力，並

能產生至少一種以上高度分化子代細胞的細胞。

幹細胞有以下特點：本身不是處於分化途徑的終端；能無限增殖分裂；可連續分裂幾代，也可在較長時間內處於靜止狀態。

幹細胞的生長方式有兩種，一種是對稱分裂——也就是可以形成兩個相同的幹細胞。另一種是非對稱分裂——由於細胞質中的調節分化蛋白分配不均勻，使得子細胞成為功能專一的分化細胞。

22. 建築物為了防止遭到雷擊的破壞，會在最高處安裝避雷針。避雷針的尖端是什麼形狀？

A. X 形

B. Y 形

C. H 形

D. Z 形

賈聰明真的會 • • • • • • • •  B

由於Y形上端是尖的，建築物感應後所帶的電會透過Y形尖端隨時釋放到空中。

23. 人們通常所說的稻米經加工後僅保留稻穀的哪個部分？

A. 胚　　　　　　　　B. 糊粉層
C. 外胚乳　　　　　　D. 胚乳

賈聰明真的會 • • • • • • • • ▶ D

　　稻穀脫去稻殼後即可得到糙米。糙米由果皮、種皮、外胚乳、胚乳及胚所組成。糙米再經加工碾去皮層和胚，留下的胚乳即為食用的稻米。

24. 下面哪位美籍華人及著名物理學家未曾獲頒過諾貝爾物理學獎？

A. 楊振寧　　　　　　B. 李政道
C. 丁肇中　　　　　　D. 吳健雄

賈聰明真的會 • • • • • • • • ▶ D

　　吳健雄（西元 1912~1997 年），生於太倉瀏河鎮，美籍華人，著名物理學家，被世界各國譽為「中國的居禮夫人」、「物理女王」、「華人之光」、「核子物理學首席女物理學家」等。1990 年南京紫金山天文台以她的名字命名了一顆新發現的小行星「吳健雄星」。

這些知識
有點酷

---

25. 血型代表血液的不同類型，那麼檢查血型主要檢測的是：

A. 紅血球   B. 白血球

C. 血小板   D. 血漿

賈聰明真的會 • • • • • • • •  A

　　古時也曾採用過輸血方式，但有時成功有時失敗。後來奧地利醫生蘭茨泰對不同人的血進行了化驗。

　　同一個人的紅血球放進不同人的血清中，結果有些人的紅血球會凝聚，有些人的不會凝聚，於是他將會凝聚的血液歸為同一類型。

---

26. 網際網路上用來計算傳輸速率的單位是：

A. bit/秒   B. doc/秒

C. kilo/秒   D. meter/秒

賈聰明真的會 • • • • • • • •  A

　　我們平時所說的頻寬速度單位Mbps，這裡的b是「bit/秒」。而我們所說的下載速度單位是KB/秒，這裡的B是指「位元組(byte)/秒」。

27. 為什麼盥洗間裡的烘手機會自動開關？

A. 因為人手可以產生磁場
B. 因為人手可改變電容量
C. 因為人手可以改變溫度
D. 因為人手可以改變濕度

 B

　　因為人體是導電的，相當於一個大電容，電容的變化打破了電流原來的平衡狀態，產生一股新的電流啟動了烘手機上的電源。

28. 當大氣含氧量低於多少時，人就會有生命危險？

A. 6 %　　　　　　B. 10 %
C. 1 %　　　　　　D. 15 %

 **A**

　　當大氣含氧量少於6％時，人體就會缺氧。其表現是心音低鈍，脈搏微弱，血壓下降，抽搐，瞳孔放大，繼而死亡。

29. 日光燈可能引發火災的主要零件是：

A. 安定器　　　　B. 燈管
C. 電阻絲　　　　D. 螢光粉

賈聰明真的會 • • • • • • • • ☞ A

　　小功率安定器沒有外殼，15瓦以上的安定器用瀝青浸封在鐵盒內。安定器的設計允許溫度爲50℃左右，不得超過65℃。安定器之所以可能引起火災，主要因爲溫度若是過高，周圍的可燃物受到較長時間的烘烤，導致炭化自燃。

30. 擦光碟片應當怎麼擦？

A. 沿中心畫著圓擦
B. 從中心開始向外呈放射狀輕拭
C. 從外向中心輕拭
D. 隨便擦

賈聰明真的會 • • • • • • • • ☞ B

　　擦光碟片若是順著螺旋紋擦會使影像變差。正確的做法應該是從中心開始向外呈放射性輕拭。

31. 百葉箱是氣象站用來觀測氣象的，它是什麼顏色的呢？

A. 黃色　　　　　　　B. 白色
C. 銀灰色　　　　　　D. 淡綠色

 B

　　漆成白色可以將投射在百葉箱上的陽光反射掉，以保證測溫的準確性。

32. 音響設備通常都有杜比系統，那麼「杜比」一詞的原意是：

A. 一個科學家的名字　B. 一座城市的名字
C. 一所大學的名字　　D. 一家公司的名字

 **A**

　　著名物理學家雷蒙·杜比，1933年出生於美國西部波特蘭市，1961年獲得劍橋大學物理學博士學位，他成立了杜比實驗室，在音響技術上有很大的成就。

33. WAP 和什麼有關？

A. 筆記型電腦　　　　B. 台式電腦
C. 手機　　　　　　　D. 洗衣機

C

　　WAP是一種無線應用軟體協定(Wireless Application Protocal)，是一個全球性的開放協議。WAP定義為可通用的平台，把目前Internet網上HTML語言的資訊轉換成WML（無線標記語言，Wireless Markup Language）描述的資訊，顯示在行動電話或者其他手持設備的顯示螢幕上。

34. 科學家經過長期研究認為最理想的燃料是：

A. 天然氣　　　　　　B. 汽油
C. 氫　　　　　　　　D. 液化氣

C

　　科學家經過長期研究，認為氫是一種最理想的燃料，因為氫燃燒後生成水，不會污染環境。同時氫也是熱效率最高的燃料。

35. 對「DVD」描述錯誤的是：

A. 容量很大，可儲存五部電影
B. 不儲存電腦資料
C. 有單雙面之分
D. 讀取速度更快

賈聰明真的會 • • • • • • • • B

　　DVD光碟不僅可以儲存電腦資料，而且一般在讀取資料時要比CD-ROM快9倍。

36. 「玻璃纖維」是一種：

A. 碳、鋼混合物　　　B. 玻璃
C. 玻璃、鋼混合物　　D. 塑膠

賈聰明真的會 • • • • • • • •  D

　　玻璃纖維是一種用高分子環氧樹脂為基體，強化塑膠或碳纖維為增強體所生產出來的強化塑膠。

　　通常是在不飽和聚酯樹脂中加入苯乙烯和固化劑等，塗布於碳纖維或玻璃紙上，再固化成型。

37. 現在所說的「綠色冰箱」是指不使用哪種化學物質的冰箱？

A. 二氧化碳　　　　　B. 一氧化碳
C. 氟利昂　　　　　　D. 一氧化硫

 C

　　製造冰箱、空調時，氟利昂（freon）可用作冷卻劑，但這種冰箱或冷氣排放出的廢氣會危害大氣中的臭氧層，造成臭氧層破裂。綠色冰箱不使用氟利昂，對環境的危害相對降低，故被稱為綠色冰箱。

38. 長度單位中的「碼」約是多少公分？

A. 30 公分　　　　　B. 60 公分
C. 90 公分　　　　　D. 100 公分

 C

　　計算長度的單位除了「公尺」還有一個「碼」，在英制長度單位中比較常用，普及度比公尺要早九百多年。「碼」的英文是yard，1碼=3英呎，1英哩=1760碼。碼與公制的換算關係是：1碼=0.9144公尺，也就是91.44公分

39. 現在我們常常聽說或看到的「獵人頭公司」實際上是：

A. 門戶網站　　　　B. 休閒俱樂部
C. 高級人才仲介機構　D. 股票分析公司

 C

所謂「獵人頭」，是英文Headhunter直接翻譯並沿用的外來語。它的原意是「高級人才仲介」、「高級人才搜尋」的意思。

40. 水的硬度是指：

A. 水中鐵離子的含量
B. 水中鈣、鎂離子的含量
C. 水中銅離子的含量
D. 水中鉛、鋅離子的含量

 B

水的硬度分為碳酸鹽硬度和非碳酸鹽硬度兩種。

碳酸鹽硬度主要是由鈣、鎂的碳酸氫鹽所形成的硬度，碳酸氫鹽硬度經加熱之後分解成沉澱物從水中除去，故亦稱為暫時硬度。

非碳酸鹽硬度主要是由鈣、鎂的硫酸鹽、氯化物和硝酸鹽等鹽類所形成的硬度。這類硬度不能用加熱分解的方法除去，故也稱爲永久硬度。

41. 我們常說的噪音污染是以下哪一項？

A. 90dB 以上　　　　B. 80dB 以上
C. 50dB 以上　　　　D. 30dB 以上

 B

噪音污染是指噪音的音量超過規定的標準，並干擾他人正常工作、學習、生活的現象。噪音雖然不致死，卻能危害人類的健康。世界各國都很重視噪音問題，並把噪音污染列爲主要的環境污染公害之一。

42. 水銀電池中所含的什麼物質對人體有害？

A. 汞　　　　　　　B. 鎘
C. 鉛　　　　　　　D. 都是

 **A**

普通電池包括水銀電池、鋅錳電池和鹼性電池，這類不可充電的電池多含有汞。有些充電電池則含有重金屬鎘。汽車廢電池中含有酸和重金屬鉛。

43. *被列為世界十大環境問題之首的是：*

A. 水污染　　　　　　B. 土地沙漠化
C. 大氣污染　　　　　D. 垃圾污染

 **B**

　　世界十大環境問題是：酸雨污染，全球暖化，臭氧層破壞，土地沙漠化，森林面積減少，物種滅絕，水資源危機，水土流失，垃圾問題，城市空氣污染。其中土地沙漠化居十大環境問題之首。土地沙漠化是由於乾旱地區、半乾旱地區和具有乾旱問題的半濕潤地區土地發生退化，致使草原、牧場和林地的生物或經濟生產力逐漸喪失。由此可見，沙漠化是最為嚴重的自然災害之一。

44. *儘量少穿化學纖維布料，多穿天然纖維製成的衣服有益於人體健康。請問以下不屬於天然纖維的是：*

A. 棉麻　　　　　　　B. 真絲
C. 冰絲　　　　　　　D. 天然彩棉

 C

　　冰絲產品是由天然棉皮經科學技術提煉而成，具有

透氣性好，自動調濕，日照升溫慢等特點。彩棉顧名思義就是一種彩色的棉花，它是在國外率先研製成功的。由於在生產過程中沒有使用化學農藥和肥料，因此避免了化學藥劑對環境的破壞。

45. 配戴心律調整器的人不可以穿哪種衣服？

A. 棉製衣服　　　　　B. 絲綢衣服
C. 遠紅外線衣服　　　D. 竹炭衣服

 賈聰明真的會 ●●●●●●●● **C**

配戴心律調整器的病人絕對不可穿遠紅外線衣服，否則萬一磁場干擾了心律調整器，就會造成生命危險。

46 城市噪音污染主要來自以下哪一點？

A. 交通運輸和工業生產　　B. 人聲嘈雜
C. 商業活動　　　　　　　D. 動物鳴叫

 賈聰明真的會 ●●●●●●●● **A**

根據世界衛生組織調查，全球噪音污染已經成為影響人們身體健康和生活品質的嚴重問題，不但影響聽力，而且還可導致高血壓、心臟病、記憶力衰退、注意力不集中及其他精神疾病。並根據研究指出，城市噪音污染的來源最主要是交通和工業生產所產生的噪音污染。

47. *人能忍受的最高噪音是幾分貝？*

A. 九十分貝   B. 一百分貝

C. 一百二十分貝   D. 一百三十分貝

 賈聰明真的會 • • • • • • • • ☞ **C**

　　低聲耳語時約為30分貝，大聲說話為60～70分貝。分貝值在60以下為無害區，60～110為過渡區，110以上是有害區。汽車噪音為80～100分貝，電視機的音量可達85分貝，人們長期生活在85～90分貝的噪音環境中，就會因為噪音而出現疾病。電鋸的聲響是110分貝，噴射機的聲音約為130分貝，當聲音達到120分貝時，人耳便會開始感到疼痛。

48. 與地球上的大氣系統、水系統、生物系統緊密連結，並成為能量調節者的是以下哪個選項？

A. 大氣環流　　　　　B. 水循環

C. 人類活動　　　　　D. 動物

賈聰明真的會 • • • • • • • • • B

　　水循環是指自然界的水在水系統、大氣系統、岩石層、生物圈之間通過各個環節連續運動的過程。水循環能使這四大系統緊密連結，並進行能量交換。

49. 一個國家森林覆蓋率達到百分之幾並能分佈均衡，就能達到防禦自然災害，令農業穩定發展的初步作用？

A. 20%　　　　　　　B. 25%

C. 30%　　　　　　　D. 40%

賈聰明真的會 • • • • • • • • •  C

　　生態學家指出：一個國家的森林覆蓋率只要達到30%左右，發生重大自然災害的機率就會減少。如果能達到40%，生態環境相對比較好。如果能達到60%，那麼這個國家將成為一個風調雨順、美麗富饒的花園之國。

50. 下列哪一項屬於不可再生能源？

A. 水 B. 煤
C. 太陽能 D. 地熱能

賈聰明真的會 • • • • • • • ☞ A

　　能源分為可再生能源和不可再生能源。比如：煤及石油是古代動植物在長期地質運動作用下形成的，每多開採一點蘊含量就會減少一點，屬於不可再生能源。而像太陽能、風力、地熱或從綠色植物中萃取的酒精等，則屬於可再生能源。

01. 什麼叫利空？

賈聰明真的會 • • • • • • •

利空是指市場上出現刺激股價下降的消息。

02. 教育只是一種消費行為嗎？

賈聰明真的會 • • • • • • •

不是。教育不單純是一種消費和福利活動，而是一種潛在的生產活動，是生產力的積蓄。教育投資是未來經濟增長的最大助力之一。根據經濟學家的研究，人力資本的收益對經濟增長所做的貢獻，比廠房設備等物質資本要大。

03. 什麼叫「財政赤字」，為什麼叫「赤字」？

賈聰明真的會 • • • • • • •

財政赤字即預算赤字，指財政年度預算中支出大於收入的差額。這個差額在會計上習慣用紅字表示，所以叫財政「赤字」。

04. 保險公司能買保險嗎？

賈聰明真的會 • • • • • • •

能。保險公司買保險的做法，被稱為「再保險」或「分保」。為了保障不致因意外而出現過大虧損，保險公司把自己承保業務的一部分劃分到別的公司。另外，按照部分資本主義國家的規定，保險公司合法經營的業務量必須受本身資本額的限制。採用分保的方式，就可以在不增資的情況下，增加業務數量。

05. 披頭四樂隊來自哪個國家？又被稱為什麼樂隊？

賈聰明真的會 • • • • • • •

英國，英文名稱是The Beatles。

06. 請將下列作者與國家連起來。

雪萊 Shelley	德國
司湯達 Stendhal	蘇聯
席勒 Schiller	西班牙
法捷耶夫 Fadeyev	法國
賽凡提斯 Cervantes	英國

賈聰明真的會 • • • • • • •

雪萊Shelley──英國

司湯達Stendhal──法國

席勒Schiller──德國

法捷耶夫Fadeyev──蘇聯

賽凡提斯Cervantes──西班牙

07. 請在一分鐘內說出金陵十二釵中任意五人。

賈聰明真的會 • • • • • • •

林黛玉、薛寶釵、賈元春、賈迎春、賈探春。

08. 請描述3/4拍的強弱規律。

賈聰明真的會 • • • • • • •

強、弱、弱。

09. 在傳統神話傳說中,「開天闢地」的是誰?「鑽木取火」的是誰?「嚐百草」又是誰?

賈聰明真的會 • • • • • • •

盤古「開天闢地」;燧人氏「鑽木取火」;神農「嘗百草」。

10. 國畫有「六彩」之說，請問這「六彩」是什麼？

⓪聰明真的會 • • • • • • •

黑、白、濃、淡、乾、濕。

11. 請問，在文學史上被並稱為「二安」的，是哪兩位文學家？

⓪聰明真的會 • • • • • • •

李清照，號易安居士，是婉約派的代表人物；辛棄疾，字幼安，是豪放派的代表人物。

12. 下列名稱都是月份的別名，請說出各代表的是幾月？

（青陽；良月；菊月；榴月；杏月；荷月）

⓪聰明真的會 • • • • • • •

青陽為一月；良月為十月；菊月為九月；榴月為五月；杏月為二月；荷月為六月。

13. 蒙古族最出名的拉弦樂器是什麼？

賈聰明真的會 • • • • • •

馬頭琴。

14. 以下列出的都是作家的字或號，請問這些字號指的是誰？（隨園主人、六一居士、易安居士）

賈聰明真的會 • • • • • • •

　　隨園主人是袁枚；六一居士是歐陽修；易安居士是李清照。

Part 2
馬蓋仙的新知營

溫室效應是因為天氣太熱所造成的氣候問題？

古代人們身上佩戴的荷包都是成對出現的嗎？

骨折自然癒合的時間需要多長？

「蛀牙」是什麼原因造成的？

古代選拔文武官吏的科舉制度始於哪個朝代？

在馬蓋仙的新知營裡，你能學到天地間的各種知識，讓我們一起進入這個充滿趣味的神祕世界吧！

01. *所有珠寶都是礦物質。*

馬蓋仙不臭蓋 • • • • • • • • ☞ 錯

雖然大多數寶石都是礦物質沒錯，但還是有少數不是，比如：琥珀和珍珠。

02. *冬天時，寒帶地區的河湖深層並不會結冰。*

馬蓋仙不臭蓋 • • • • • • • • ☞ 對

冬季時，寒帶地區河湖結冰只會在表面，深層卻不結冰，原因是冰層有隔溫作用。

03. *世界上種植面積最大、產量最廣泛的糧食作物是水稻。*

馬蓋仙不臭蓋 • • • • • • • • ☞ 錯

世界上種植面積最大、產量最廣泛的糧食是小麥。

04. *中國大陸汛期最長的河流是長江。*

馬蓋仙不臭蓋 • • • • • • • ■■ ☞ 錯

中國大陸汛期持續時間最長的河流是珠江。

05. *北極和南極一樣冷。*

馬蓋仙不臭蓋 • • • • • • • ■■ ☞ 錯

南極與北極的氣候差異很大。南極的氣候比北極冷得多，即使在夏天，溫度也在冰點以下。南極中心曾有攝氏零下六十度的紀錄，北極目前的最低溫紀錄只有攝氏零下三十多度。

06. 與森林、海洋一起並稱為全球三大生態系統的是沙漠。

馬蓋仙不臭蓋・・・・・・・・ ☞ 錯

　　濕地與森林、海洋並稱為全球三大生態系統，是世界上最具活力的生態系統，存在著許多瀕臨絕種的野生動植物種。

07. 世界上最大的坐佛位於泰國。

馬蓋仙不臭蓋・・・・・・・・ ☞ 錯

　　世界上最大的坐佛位於中國大陸的四川。

08. 溫室效應是因為天氣太熱所造成的氣候問題。

馬蓋仙不臭蓋・・・・・・・・ ☞ 錯

　　溫室效應主要是由於現代化社會過度排放二氧化碳氣體進入大氣層所造成的。

09. 位於俄羅斯的伏爾加河是世界第三長的河流。

馬蓋仙不臭蓋 • • • • • • • • 👉 錯

　　世界最長河流前三名依次為非洲的尼羅河、南美洲的亞馬遜河和中國的長江。據記載，伏爾加河長3530公里，流域面積達136萬平方公里，占俄羅斯平原面積的1/3以上。而長江全長6300公里，是中國境內第一大河。

10. 日蝕只可能發生在農曆的朔日。

馬蓋仙不臭蓋 • • • • • • • 👉 對

　　農曆初一，又稱為朔日。日蝕的成因是月球繞到太陽和地球中間，遮住的太陽的光芒。這時一定是農曆初一，太陽、月球、地球三者正好排成一直線，或接近一條直線，月球的黑影才會正好落到地球上，造成日蝕的現象。

11. 天文學家把整個天空的星星按區域劃分成28個星座。

馬蓋仙不臭蓋 • • • • • • • ■■■☞ 錯

天文學家把整個天空的星星按區域劃分成88個星座。

12. 冬天冷、夏天熱是由於地球距離太陽遠近的關係。

馬蓋仙不臭蓋 • • • • • • • ■■■☞ 錯

　　在冬天時，太陽直射點在南半球，照射地球的角度較小，陽光是斜斜照耀著大地的，因此地球上每單位面積接收到的陽光照射能量減少，也就是說太陽能到達地球的能量密度變小了，因為地球獲得的能量少了，所以冬天冷；而在夏天時，太陽直射點在北半球，照射角度大，太陽光幾乎都是直射大地的，太陽能到達地球的能量密度很大，因此地球獲得的能量較多，所以夏天比較熱。

13. 風能源自於太陽能。

馬蓋仙不臭蓋 • • • • • • • • ☞ 對

　　風是大氣因為太陽輻射影響所產生的空氣水平運動，因此我們也可以把風能看做太陽能的一部分。風能是重要的新能源，也是一種可再生能源。

14. 名匠魯班是魯國人。

馬蓋仙不臭蓋 • • • • • • • • ☞ 對

　　魯班的名字其實是公輸般。他是魯國人，因為般和班是同音，故稱為魯班。

15. 北宋時期的百科全書是《夢溪筆談》。

馬蓋仙不臭蓋 • • • • • • • • ☞ 對

　　《夢溪筆談》是北宋一位著名科學家兼政治家沈括的著作。全書內容涉及天文、曆法、氣象、地質、地理、物理、化學、生物、農業、水利、建築、醫藥、歷史、文學、藝術、人事、軍事、法律等諸多領域，因此被稱為北宋時期的「百科全書」。

16. 古代人們身上佩戴的荷包都是成對出現的。

馬蓋仙不臭蓋・・・・・・・・☞ **對**

　　荷包是中國傳統服飾中，人們隨身佩戴的物品，用來裝一些零星小物。荷包通常是成對出現，兩邊的顏色和圖案會故意繡成不同的式樣，佩戴時左右各繫一個，相映成趣。

17. 「新郎」這一稱呼最初所指的是人名。

馬蓋仙不臭蓋・・・・・・・・☞ **錯**

　　「新郎」最初指的是一種官職。從漢朝時期開始，在中央官署裡的侍從官通稱為「郎」。到了唐朝，則對六品以下的官員通稱為「郎」。在封建社會裡，在官貴民賤的思想統治下，百姓都尊稱上述官員為「郎官」或「郎君」。自從唐朝開科取士，凡中了進士的人，就有做官的資格。他們被分到中央官署任「校書郎」、「祕書郎」等「郎」職。所以，人們稱呼新科進士為「新郎官」。

18. 天葬是藏族的葬禮風俗。

馬蓋仙不臭蓋 • • • • • • • • 👉 對

　　人死了以後，把屍體露天放置，讓自然界的鳥類來啄食屍體，稱之為「天葬」，是藏族人民的古老風俗。

19. 「和尚」一詞是對佛教出家人的稱呼，意思是「以和為尚」。

馬蓋仙不臭蓋 • • • • • • • • 👉 對

　　佛教認為，生老病死都是痛苦的，其根源在於各種慾望。因此為了擺脫痛苦，就必須寡欲，必須修行，忍受人世間的一切疾苦。因而，佛教的人生處世哲學是主張一切調和。「和」即忍耐、服從。「和」是佛教徒所崇尚，且必須遵守的，以「和」為「尚」，即是稱佛教出家人為「和尚」的緣由。

01. 在日本用餐時，要將筷子如何置放？

A. 橫放　　　　　　　B. 豎放

馬蓋仙不臭蓋 • • • • • • • ☞ A

　　日本人和中國人一樣都使用筷子，不過日本人在用餐時是將筷子橫放在離自己最近的位置，一般放在靠左的地方。

02. 埃及的國花是什麼？

A. 睡蓮　　　　　　　B. 玫瑰

馬蓋仙不臭蓋 • • • • • • • ☞ A

　　睡蓮是埃及的國花，因為睡蓮有著朝開暮合的習性和放射狀展放的花朵，故成為古埃及崇拜太陽的象徵物。每一代的法老王都自稱是日出之神荷魯斯之子。

03. 乘客在搭乘國外航班時，必須購買的是哪一種保險？

A. 意外險　　　　B. 兵險

馬蓋仙不臭蓋 ● ● ● ● ● ● ● ● ● A

　　搭稱國外航班的乘客可自行決定是否向保險公司投保意外險。

04. 中國大陸有一個省份「四季無寒暑，一雨便成秋」，即使夏季去旅遊也必須帶一件毛衣。請問是哪個省份？

A. 四川　　　　B. 雲南

馬蓋仙不臭蓋 ● ● ● ● ● ● ● ● ● B

　　昆明地理位置屬亞熱帶，然而境內大多數地區夏無酷暑，冬無嚴寒，是典型的溫帶氣候，素以「春城」享譽中外。昆明的特點是「四季如春」，但是「一雨成冬」（尤其是在冬季），意思是說，一下雨，溫度就會在短時間內驟降。

05. *世界旅遊組織將哪一天定為世界旅遊日？*

A. 5 月 13 日　　　　　B. 9 月 27 日

馬蓋仙不臭蓋 • • • • • • • ☞ B

　　世界旅遊日是在1979年9月27日，世界旅遊組織第3次代表大會上確定的。選定這一天為世界旅遊日，除了因為世界旅遊組織的前身「國際官方旅遊聯盟」於這一天在墨西哥特別代表大會上通過世界旅遊組織章程。另外，也因為這個時間剛好是北半球的旅遊高峰剛結束，南半球的旅遊旺季即將到來的交接時間。

06. *阿里山的姐妹潭中，哪一個潭呈圓形？*

A. 姐潭　　　　　B. 妹潭

馬蓋仙不臭蓋 • • • • • • • ☞ B

　　阿里山的姐妹潭，是兩個大小不同，彼此相鄰的高山湖泊，分別被稱為姐潭和妹潭。姐潭呈長方形，長約80公尺，寬約40公尺；妹潭呈圓形，直徑40公尺，四周群山環繞，林木蔥鬱，山水相映，是一處風景優美的天然湖泊景觀。

07. 杭州西湖因何得名？

A. 位於杭州西面　　　B. 像西施一樣美麗

馬蓋仙不臭蓋 • • • • • • • •  Ⓐ

西湖位於杭州西面，因此得名。

08. 哪座城市被稱為「音樂之城」？

A. 巴黎　　　　　　　B. 維也納

馬蓋仙不臭蓋 • • • • • • • • Ⓑ

「音樂是維也納的靈魂，沒有音樂也就沒有維也納。」維也納是一座歷史悠久的名城。18世紀以來成為歐洲古典音樂的中心、華爾滋舞曲的故鄉。

09. 搶救突然昏倒的人應該掐什麼穴位？

A. 人中穴　　　　　　B. 太陽穴

馬蓋仙不臭蓋 • • • • • • • • Ⓐ

歷代中醫專家認為，人中是一個很重要的急救穴位，用手指掐或用針灸在該穴位施針，都是簡單而有效的急

救方法，可以用於治療中暑、昏迷、暈厥、全身麻醉過程中出現的呼吸停止、低血壓、休克、一氧化碳中毒等。

10. 我們的生活離不開蔬菜和水果，這些食物主要提供的是什麼營養？

A. 植物蛋白　　　　B. 膳食纖維

馬 蓋 仙 不 臭 蓋 • ● ● ● ● ● ● ● ☞ **B**

　　科學實驗證明，蔬菜、水果不僅提供人體所需的維生素、礦物質和纖維素等，而且還含有許多植物抗氧化物質，如：蔬菜、水果中含有豐富的多酚，包括類黃酮、花青素等，有些物質的抗氧化作用甚至強於人們所熟知的抗氧化劑維生素C、維生素E和胡蘿蔔素。

11. 眼神黯淡無光是因為哪個器官負擔太重？

A. 腎　　　　　　　B. 肝

馬 蓋 仙 不 臭 蓋 • ● ● ● ● ● ● ● ☞ **A**

　　如果眼圈發黑、眼神黯淡無光，表示腎臟負擔太重。請少吃鹽、糖、咖啡，多吃紅蘿蔔、白蘿蔔。

12. 一般牛奶的儲存時間不宜過長，而且對儲存溫度的要求很嚴格，那麼牛奶的最佳儲存溫度應在攝氏幾度範圍內，可讓牛奶保持最新鮮的狀態。

A. $3^0C \sim 9^0C$　　　　　B. $-16^0C \sim -24^0C$

馬蓋仙不臭蓋 • • • • • • • •  A

　　牛奶不宜在日光照射下保存，只要陽光直射片刻，牛奶中的維生素B群和維生素C很快就會消失。牛奶也不宜冰凍保存，因為冰凍後，容易呈現凝固沉澱物，產生異味、脂肪凝結上浮、營養價值下降。牛奶更不宜在高溫下保存，因為高溫可使香味下降，蛋白質沉澱，維生素減少。

13. 預防瓦斯中毒要做到：

A. 保持室內良好的通風
B. 壁爐不需要安裝煙囪

馬蓋仙不臭蓋 • • • • • • • •  A

　　預防瓦斯中毒要做到以下幾點：在準備安裝爐具前，事先檢查排煙管道是否通暢。檢查一下爐具、抽油煙機是否合格。冬天若使用壁爐，煙囪要定期清理，隨時注

意爐子封檔處和煙囪的死角是否有煙灰積存。最好在居室窗戶處安裝排風設備，使室內保持空氣流通。

14. 「各就各位，預備……開始！」在學校的操場跑步時，都是按逆時針方向。請問這究竟是為什麼呢？

A. 大部分人的右腳爆發力比左腳強，因此為了在運動場拐彎處容易維持速度，所以是逆時針跑。

B. 只是現代體育比賽的一種規定。

馬蓋仙不臭蓋 • • • • • • • • • ☞ A

就像人的其中一隻手一定比另一隻好用一樣的道理，人的腳也有比較好用的那一隻，這隻腳通常力量較強。大多數人的右腳都比左腳的爆發力強，因此在拐彎處逆時針比順時針方向跑起來容易得多。這就是在操場的設計總是逆時針跑的原因。

15. 肥胖的人是否較容易患糖尿病？

A. 是　　　　　　B. 否

馬蓋仙不臭蓋 • • • • • • • • • ☞ A

科學家在老鼠脂肪細胞裡發現了一種荷爾蒙，這種荷爾蒙可以抑制胰島素的活動，並且證明肥胖的人較容易罹患糖尿病。

這些知識
有點酷

16. 人的大腦左右兩個半球中，哪一邊在語言功能上佔優勢。

A. 左半腦（左腦）　　　B. 右半腦（右腦）

馬蓋仙不臭蓋 • • • • • • • 👉 A

　　人的大腦是由左右兩個半球組成的，左腦和右腦各自具備不同功能，各自掌控著身體相對應的半邊，主管不同的腦力活動。左半球主管人的數學思維、語言邏輯、分析能力等；右半球則主管人對顏色、音樂的辨識能力，傾向藝術方面的思維。

17. 臥室朝南或者西南有利於睡眠，對嗎？

A. 對　　　　　　　　B. 不對

馬蓋仙不臭蓋 • • • • • • • 👉 A

　　大腦即使在睡眠中，仍需要大量氧氣。臥室朝南或西南方向，多半陽光充足，空氣流通，晚上自然非常舒適。

18. 骨折自然癒合的時間需要多長？

A. 2～4 個月　　　　B. 5～6 個月

馬蓋仙不臭蓋 • • • • • • • • 👉 Ⓐ

　　成人骨折的臨床癒合時間參考值如下：

　　鎖骨骨折、肱骨外科頸骨折、肱骨髁上骨折、橈骨遠端骨折、髖骨骨折、踝部骨折：需時4～6周。

　　肱骨幹骨折：4～8周。

　　脛腓骨骨折：8～10周。

　　股骨轉子間骨折、股骨幹骨折：8～12周。

　　股骨頸骨折：12～24周。

19. 色盲患者以男性居多還是女性居多？

A. 男性居多　　　　B. 女性居多

馬蓋仙不臭蓋 • • • • • • • Ⓐ

　　色盲患者大多為男性，男女性患有色盲的比例約為16：1。

20. 白血病人體內的白血球與正常人相比，較多還是較少？

A. 少　　　　　　B. 多

馬蓋仙不臭蓋 • • • • • • • • ☞ B

　　白血病是一種造血幹細胞的惡性腫瘤。其特徵為骨髓內異常的白血球（白血病細胞）瀰漫性增生取代正常骨髓組織，並常侵入周圍血液，使周圍血液內白血球出現變異。患者血液中白血球數量常明顯增多，但有時亦可能完全正常甚至減少。

21. 「蛀牙」是什麼原因造成的？

A. 寄生蟲造成的
B. 細菌或食物長期於牙齒表面作用造成

馬蓋仙不臭蓋 • • • • • • • • ☞ B

　　「蛀牙」是齲齒的俗稱。之所以會出現齲齒，是細菌利用碳水化合物黏附在牙面上，形成一層細菌膜，侵蝕牙齒。

22. 「闌尾」是人體中無用的器官嗎？

A. 是　　　　　　　B. 不是

馬蓋仙不臭蓋 ・ ● ・ ● ・ ● ・ ●  A

　　闌尾屬於的一種退化器官（草食性動物的闌尾就很發達），長約7～9公分，直徑約0.5公分，位於腹部的右下方，盲腸內側，近端與盲腸相通，遠端閉鎖。由於闌尾腔細小，又是盲管，食物殘渣和糞石很容易掉入管腔內，因而引起發炎。闌尾對人體的作用不大，故罹患盲腸炎後，醫生便會決定將它切除。

23. 胃受冷後蠕動會變快還是變慢？

A. 變慢　　　　　　　B. 變快

馬蓋仙不臭蓋 ・ ● ・ ● ・ ● ・ ●  A

　　人體感受風寒時，尤其是胃部受涼後，會發生痙攣性收縮，抵抗力及適應性隨之降低，同時血液中的組氨酸增多，胃酸分泌增加，兼之人在冬季食欲較旺盛，食量增加也會使胃的負擔加重，導致胃炎、胃潰瘍及十二指腸潰瘍患者舊病復發，甚至引起胃出血、胃穿孔等嚴重併發症。

24. 居室內最適宜的溫度是多少？

A. 冬季 16°C～18°C，夏季 24°C～26°C

B. 冬季 24°C～26°C，夏季 16°C～18°C

馬蓋仙不臭蓋 • • • • • • • ☞ A

居室內勤開窗戶，可使空氣循環，保持乾淨清新。空氣不乾淨，人會感到疲倦、頭昏、心慌、胸悶、噁心等；而乾淨新鮮的空氣有助於驅散倦意，提高工作和學習效率，防止呼吸道傳染病。

01. *高爾夫球起源於哪一個國家？*

A. 法國　　　　　B. 英國　　　　　C. 德國

 B

　　關於高爾夫運動的起源有多種不同的說法。流傳最廣的一種是：古時有一位蘇格蘭牧人在放牧時，偶然用一根棍子將圓石擊入野兔子洞裡，從此得到啓發，發明了後來的高爾夫球運動。而「高爾夫」這個詞，最早則是出現在十四世紀蘇格蘭議會的記錄檔中。

02. *保齡球上有幾個指洞？*

A. 2 個　　　　　B. 3 個　　　　　C. 4 個

 **B**

　　保齡球上的三個指洞是用來幫助玩家抓緊球體，以免脫落。

03. 象棋中，「順手炮」又被稱什麼？

A. 鬥炮局   B. 列炮局   C. 宮炮局

馬蓋仙不臭蓋 • • • • • • • • A

「順手炮」也稱「鬥炮局」，是象棋術語。雙方第一步都走中炮，由於雙炮方向相同，故得此名。

04. 足球運動已經風靡世界，世界上最原始的足球出現在哪裡？

A. 巴西   B. 中國   C. 韓國

馬蓋仙不臭蓋 • • • • • • • •  B

約在西元前3～4世紀，中國就出現了最原始的足球，當時稱為「蹴鞠」。

05. 足球比賽裡，所謂「十二碼球」指的是什麼？

A. 角球   B. 點球   C. 任意球

馬蓋仙不臭蓋 • • • • • • • •  B

點球也稱為「十二碼球」，是足球運動的術語。踢

點球時，球應放置在罰球點上，也就是即距球門線正中
11公尺，英制為12碼的地方。

06. 人們慣用的芭蕉扇是用什麼葉子做成的？

A. 蒲葵葉　　　B. 芭蕉葉　　　C. 椰子葉

馬蓋仙不臭蓋・・・・・・・  A

　　芭蕉扇，又叫蒲扇、葵扇、蒲葵扇。清朝王廷鼎的
《杖扇新錄》：古有棕扇、葵扇、蒲扇、蕉扇諸名，實
即今之蒲扇，江浙呼為芭蕉扇也。

　　無蟲眼、爛疤和裂縫，這種葵葉俗稱「玻璃白」，
製成的葵扇又叫「玻璃扇」。扇面上常用火筆烙燙出山
水花鳥、人物魚蟲等紋樣。

07. 哪一類茶屬於發酵茶？

A. 紅茶　　　　B. 綠茶　　　　C. 花茶

馬蓋仙不臭蓋・・・・・・・  A

　　紅茶屬於全發酵茶類。基本工序是採下的新鮮茶葉
經萎凋、揉捻、發酵、乾燥四道工序。

08. 在特定的區域進行信號傳輸，並且僅在固定的迴路設備裡播放的電視系統被稱為什麼電視？

A. 有線電視　　B. 衛星電視　　C. 閉路電視

馬蓋仙不臭蓋 ● ● ● ● ● ● ● ●  C

　　閉路電視（Closed-circuit Television）這個名稱與開放電視(Open-circuit Television)剛好是相對的。通過天線來收看的電視節目就是開放電視，後來這項服務逐漸轉變為有線網路傳輸信號。而閉路電視的收看對象則限定在某特定區域和收看者，如大樓監視器，傳輸方式也是小區域無線傳輸，或是經由傳輸線傳輸。

09. 健康成年人一旦失血多少毫升將會危及生命？

A. 400 左右　　B. 800 左右　　C. 1200 左右

馬蓋仙不臭蓋 ● ● ● ● ● ● ● ● C

　　健康的成年人失血超過體內血量30%（1200～1500毫升）以上，就可能危及生命。如果不超過10%（約400毫升），所喪失的血細胞和血漿成分，可以在一段時間內完成補充恢復正常。

10. 一台主機可能有幾個Domain Name（網域名稱）？

A. 只有一個　　B. 最多兩個　　C. 沒有限制

馬蓋仙不臭蓋・・・・・・・・・☞ C

　　Internet上的主機可有一個網域名稱，也可有多個網域名稱，但每個網域名稱只對應唯一的IP位址。

11. 一個人兩隻手裡各拿著一個雞蛋，把A雞蛋向B雞蛋撞去。假如兩個雞蛋都是一樣堅硬，大小、形狀完全一樣，而且都是同一部位互相碰撞，哪一個雞蛋破掉的可能性大？

A. A 雞蛋被碰破的可能性大
B. B 雞蛋被碰破的可能性大
C. 一樣大

馬蓋仙不臭蓋・・・・・・・・・☞ C

　　表面上看來，兩個雞蛋所處的狀況似乎是不同的，一個不動，一個在運動。其實，任何物體的運動都只是兩個物體相對位置的變化。兩個雞蛋相互接近，它們所處的運動狀況是相同的，因此，二者破掉的可能性是一樣的。

12. 吃藥時的正確姿勢是什麼呢？

A. 站著　　　　B. 坐著　　　　C. 躺著

馬蓋仙不臭蓋 • • • • • • • A

　　人在站立時食道是垂直的，因此站著吃藥，藥物很快會順著食道滑入胃中，而不會黏著在食道壁上，這樣有利於藥物被胃腸吸收，並且發揮最好的效果。

13. 發燒時不宜喝什麼飲料？

A. 果汁　　　　B. 白開水　　　　C. 濃茶

馬蓋仙不臭蓋 • • • • • • • C

　　茶葉所含的化學成分有400多種，其中主要是茶鹼和鞣酸。茶鹼有興奮中樞神經的作用，可使大腦保持興奮狀態，還會使脈搏增快，血壓升高。

　　發燒時，身體處於邪正相爭的興奮狀態，脈搏較快，若飲茶會再次刺激心肌，增加能源消耗，使本來就高於正常的體溫進一步升高，甚至誘發其他疾病以及降低退燒藥的藥效。

14. 新石器與舊石器的差別是：

A. 材料的不同
B. 打製的方法不同
C. 沒什麼不同

馬 蓋 仙 不 臭 蓋 • • • • • • • • 👉 A

　　新石器與舊石器所使用的材料不同。舊石器使用的工具材料是石英、石片、石灰石等，新石器時代的主要特徵是使用陶器以及製作磨光石工具。

15. 農曆正月十五是中國傳統節日，這天不但要吃元宵還會舉行燈會，所以這天又叫：

A. 上元節　　　　B. 中元節　　　　C. 下元節

馬 蓋 仙 不 臭 蓋 • • • • • • • • 👉 A

　　中元節是農曆七月十五；下元節是農曆十月十五。

16. 古代選拔文武官吏的科舉制度始於：

A. 隋朝　　　　B. 唐朝　　　　C. 宋朝

馬蓋仙不臭蓋 • • • • • • •  A

　　隋文帝楊堅統一中國後，為了選拔全國各地的人才，採取了開科取士的方法。

17. 美軍的最高軍階是：

A. 元帥　　　　B. 五星上將　　　C. 將軍

馬蓋仙不臭蓋 • • • • • • • B

　　第二次世界大戰結束後，身為軍事大國的美國起初也打算在陸軍中設立元帥(Marshal)一銜。但當局發現如果要授元帥銜，喬治·卡特里克·馬歇爾（George Catlett Marshall）是當然人選，但又覺得稱呼一個人為Marshal Marshall實在太彆扭了。經過反覆討論，認為還是不設元帥為好，因此改授予「五星上將」的軍銜。

　　美國歷史上的確也曾使用過「陸軍元帥」這個特別軍銜，只有兩個人曾經獲得，一是美國首屆總統華盛頓，另一人是「黑人老頭傑克」（即潘興將軍John Joseph Pershing）。後來美國《憲法》規定，自「黑人老頭傑克」逝世後即停止使用這個特別軍銜，此後美國軍隊的最高軍階便是「五星上將」。

18. 白宮的命名是根據？

A. 建築的顏色
B. 居住人的名稱
C. 建築所處的位置

馬 蓋 仙 不 臭 蓋 • • • • • • • ☞ A

白宮是由建築師詹姆士・賀朋所設計的。

據說賀朋受到一座愛爾蘭宮殿的影響，把白宮也設計成類似宮殿的建築。這項建築工程在 1792 年動工，1800 年由第二屆總統約翰・亞當斯夫婦啟用。

1814 年白宮（當時並沒有這個名稱）不幸失火，火災之後為了消除火燒的痕跡，整個建築被塗成白色。

1901 年第 26 屆美國總統羅斯福命名為「White House」，意即「白色的房屋」。後人根據這幢小樓的顏色便稱它為「白宮」。

19. 我們常說自己是「炎黃子孫」，這裡的「炎黃」是指：

A. 部落領袖名　　B. 古代的姓　　　C. 地名

馬 蓋 仙 不 臭 蓋 • • • • • • • ☞ A

「炎黃」是指上古時代傳說中的炎帝和黃帝，是原始時期兩位著名的部落領袖。

20. *人們最初發明滑冰，是把它作為：*

A. 交通工具　　　B. 通訊工具　　　C. 娛樂工具

馬蓋仙不臭蓋 • • • • • • • • ☞ A

　　花式滑冰是一項古老的運動，原本早期荷蘭人以滑冰作爲交通工具，後來才發展成一項體育活動。

21. *哪個火山的爆發毀滅了古羅馬帝國的龐貝城？*

A. 維蘇威火山　　B. 埃特納火山　　C. 聖海倫斯火山

馬蓋仙不臭蓋 • • • • • • • • ☞ A

　　維蘇威火山最著名的一次噴發發生在西元79年，當時赫庫蘭尼姆和龐貝兩鎮被毀滅。當時火山所噴出的黑色煙雲和熾熱的火山灰石，如雨點般落下，毒氣充斥空氣之中。整個龐貝城只有四分之一的居民倖免於難，大部分人不是被火山灰掩埋就是被濃煙窒息，或者被倒塌的建築物壓死。

22. 「塗鴉」一詞最初與下面哪項有關？

A. 練習書法　　　B. 練習畫畫　　　C. 練習武術

馬蓋仙不臭蓋・・・・・・・・☞ A

　　塗鴉緣起於英文graffiti，這是一個源自希臘文「Graphein」的俚語，是塗或寫的意思。

　　目前關於塗鴉的起源，最被認同的說法是起源於1966年，當時美國的費城和賓州出現簡單的書寫門牌字母與數字的圖案，到了70年代前期開始發展出不同圖形和效果，直到近代塗鴉已經走出牆角，成為全球性的藝術創作。

23. 「司空見慣」中的「司空」是指：

A. 唐代一位詩人　　B. 唐代一位高僧　　C. 一種官職

馬蓋仙不臭蓋・・・・・・・・☞ C

　　「司空見慣」這句成語是從劉禹錫的「高髻雲鬟新樣妝，春風一曲杜韋娘，司空見慣渾閒事，斷盡蘇州刺史腸」這首詩中得來的。詩中的「司空」兩個字是唐代一種官職的名稱，相當於清代的尚書。

24. 石榴不僅好看而且好吃，石榴原產於：

A. 南美洲　　　B. 波斯　　　C. 印度

馬蓋仙不臭蓋 • • • • • • • 👉 B

石榴原產於波斯，漢朝時引進中國。

25. 世界第一枚郵票出現在：

A. 英國　　　B. 中國　　　C. 法國

馬蓋仙不臭蓋 • • • • • • • 👉 A

世界上第一枚郵票是在1840年5月1日於英國問世，5月6日開始使用。郵票圖案是維多利亞女王18歲即位時的側面像，由弗萊德列克‧希思（Frederick Heath）雕製印版，承印者是派金斯‧巴肯公司（Perkins Bacon）。面值為1便士，用的是有王冠浮水印的紙，以黑色印刷，所以通稱「黑便士郵票」。

26. 古書中男子手裡常握有「三尺」，這「三尺」指的是：

A. 刀　　　　　B. 劍　　　　　C. 馬鞭

馬蓋仙不臭蓋 · · · · · · · · ☞ B

　　周朝劍制分稱上制、中制和下制，長度、重量各不同，分別供上士、中士和下士三種身份的人佩帶。其中上制之劍長約3尺，故又別名「三尺」。

27. 為什麼夫妻之間，女方將男方稱作「丈夫」？

A. 男人都好鬥，喜歡打仗
B. 男人身為主要勞動人口，要丈量土地
C. 男人身高約一丈（古時的計量單位）

馬蓋仙不臭蓋 · · · · · · · · ☞ C

　　古人稱八寸為一尺，十尺為一丈，十尺之男人稱為丈夫。但丈夫並非一定要以尺測量，僅僅用以形容大氣的男人為丈夫，或大丈夫。反之則蔑視為「小人」。

28. 「來龍去脈」的成語出處是：

A. 歷史研究　　　B. 風水勘探　　　C. 政治事件

馬蓋仙不臭蓋 • • • • • • • •  B

出自明·吾邱瑞《運甓記·牛眠指穴》：「此間前岡有塊好地，來龍去脈，靠嶺朝山，處處合格。」

29. 人們常說香菸中含有尼古丁，吸菸有害健康。尼古丁學名是菸鹼。它又被稱為「尼古丁」的原因是什麼呢？

A. 一個叫「尼古丁」的人
B. 一個叫「尼古丁」的地方
C. 一所叫「尼古丁」的醫院

馬蓋仙不臭蓋 • • • • • • • •  A

「尼古丁」是一個法國人，他發現了菸鹼，爲了紀念他，就把菸鹼稱爲「尼古丁」。

30. 我們看醫生時，醫生總是帶著聽診器。聽診器是在200多年前由一位法國醫生發明的，它最初是用什麼材質製成？

A. 塑膠製成的　　B. 金屬製成的　　C. 木頭製成的

馬蓋仙不臭蓋 • • • • • • • • ☞ Ⓒ

　　最初的聽診器是用洋杉木製成的，造型空心直管，兩端各安裝上喇叭形的聽筒。

31. 大家都很愛吃食品罐頭，食品罐頭發源於哪個國家呢？

A. 英國　　　　B. 法國　　　　C. 德國

馬蓋仙不臭蓋 • • • • • • • • ☞ Ⓑ

　　在1795年，法國政府為了簡化軍隊的食品儲備方式，懸賞12000法郎尋求食品儲存的最佳方法。15年之後，也就是1810年，巴黎廚師兼甜品師尼古拉斯·阿珀特發明了一種方法：把食物密封在瓶子裡，然後再加熱到一定溫度。他的方法通過了軍方的驗證，阿珀特因此獲得12000法郎的獎賞。人們普遍認為他是罐頭食品的發明者。

32. 我們經常用「十惡不赦」來表示罪孽深重、不可寬恕的意思，下面哪個不屬於古代法律所認定的「十惡」？

A. 謀反 　　　B. 偷盜 　　　C. 內亂

馬蓋仙不臭蓋 • • • • • • • **B**

　　「十惡」原來指十條大罪，分別是：謀反、謀大逆、謀叛、惡逆、不道、大不敬、不孝、不睦、不義、內亂。

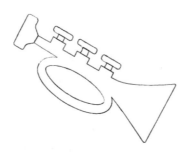

01. 世界衛生組織曾宣佈，存在於炸薯條、披薩、烤豬肉、水果甜品上的棕色脆皮等食品中含有什麼致癌物質？

A. 蘇丹紅　　　　　　B. 硫氧化物

C. 苯　　　　　　　　D. 丙烯醯胺

 馬蓋仙不臭蓋 · · · · · · · · · 　　D

　　世界衛生組織和聯合國糧農組織聯合發出警告，含有致癌毒素——丙烯醯胺的食品會嚴重危害人體健康，這種致癌毒素尤其存在速食中。在針對油炸薯條、比薩餅、烤豬肉與水果甜點的棕色脆皮，以及大量油煎油炸速食品所進行的檢驗結果顯示，有些品牌食品中含有丙烯醯胺的量甚至超過標準400倍。

02. 一個包括池塘、草地、森林的區域可用以下哪個選項稱呼？

A. 生態群落　　　　　B. 生態系統

C. 生態平衡　　　　　D. 生態集合

馬蓋仙不臭蓋 • • • • • • • • ■■→☞ C

生態平衡所代表的，除了區域內生物種類（即生物、植物、微生物）的組成和數量比例相對穩定之外，另一方面也包括非生物環境（空氣、陽光、水、土壤等）的相對穩定。生態平衡是一種動態平衡，比如：生物個體雖然會不斷發生更替，但總體來說系統仍然保持穩定，且生物數量也沒有劇烈變化。

03. 以下衣物中，哪一類通常對人體健康影響最大。

A. 外衣　　　　　　B. 帽子
C. 內衣　　　　　　D. 鞋子

馬蓋仙不臭蓋 • • • • • • • • ■■→☞ C

所有衣物中，內衣對人體的健康影響最大，所以要多穿天然纖維材料的衣服。

04. 根據克卜勒發現的行星運行定律，行星環繞太陽運行的軌道是橢圓形的，而且行星運行的速度，以下哪項描述為真？

A. 等線速度

B. 等角速度

C. 遠太陽點速度快而近太陽點速度慢

D. 遠太陽點速度慢而近太陽點速度快

馬蓋仙不臭蓋 • • • • • • • • ☞ D

　　克卜勒研究行星運行的速度。發現行星離太陽越近，運行的速度就越快，這就是克卜勒第二定律。

05. 以下哪個行星的表面與月球表面非常相似？

A. 土星　　　　　　　B. 水星

C. 木星　　　　　　　D. 金星

馬蓋仙不臭蓋 • • • • • • • • ☞ B

　　水星在許多地方都與月球相似，它的表面有許多隕石坑，而且十分古老，也沒有板塊運動的跡象。

06. 目前地球上已知的最大隕石坑位於哪裡？

A. 亞洲   B. 非洲
C. 北美洲   D. 南極洲

馬蓋仙不臭蓋 • • • • • • • B

　　法國科學家最近在埃及發現了據稱是世界上最大的隕石坑區，區域的面積達5000平方公里。

07. 在地球上，午夜12點時不可能看見哪一顆行星？

A. 木星   B. 金星
C. 火星   D. 土星

馬蓋仙不臭蓋 • • • • • • • B

　　在地球上看金星和太陽的最大角度不超過48度，因此金星不可能整夜出現在夜空中。古時民間稱黎明時分的金星為啓明星，傍晚時分的金星為長庚星。金星自轉一周比公轉一周還慢，大約是243天自轉一圈，而金星繞太陽一圈是224天，所以金星上的一年比一天還短，一年最多只能看到一次日出。而且金星自轉方向和地球相反，在金星上看到的太陽是西升東落的。

08. 世界最重要的IT高科技產業基地矽谷位於美國的哪裡？

A. 加州   B. 阿拉斯加

C. 夏威夷   D. 哥倫比亞

 Ａ

人們所稱的矽谷位於美國加州的三藩市經聖克拉拉至聖約瑟近50公里的一條狹長地帶，是美國重要的電子產業基地，也是世界最為知名的電子產業中心。

09. 世界五大洲中，平均海拔最低的洲是哪裡？

A. 大洋洲   B. 非洲

C. 美洲   D. 歐洲

 Ｄ

地球上海拔最高的大陸是南極大陸。其他幾個大陸的平均海拔為：亞洲950公尺，北美洲700公尺，南美洲600公尺，非洲560公尺，歐洲最低，只有300公尺，大洋洲的平均高度也不過幾百公尺。然而南極大陸平均海拔就有2350公尺。但是，如果把覆蓋在南極大陸上的冰蓋剝離，它的平均高度僅有410公尺，比整個地球上陸地的平均高度都要低得多。

10. 太陽系的九大行星中，質量最大的一顆是哪一顆？

A. 金星 　　　　　　B. 水星

C. 土星 　　　　　　D. 木星

馬蓋仙不臭蓋 • • • • • • • •  **D**

木星的赤道半徑為71400公里，是地球的11.2倍，體積是地球的1316倍，質量是地球的300多倍。

11. 夜空中最明亮的恆星是哪一顆星？

A. 北斗星 　　　　　B. 天狼星

C. 織女星 　　　　　D. 牛郎星

馬蓋仙不臭蓋 • • • • • • • • **B**

夜空中最亮的星星是天狼星，它位於大犬星座之中。春季時分，它會在西南方的天空中熠熠發光。它的質量是太陽的2.3倍；半徑是太陽的1.8倍；光度是太陽的24倍。天狼星不但本身比較亮，而且離我們比較近，只有8.65光年，因此看起來特別亮。

12. **在地球同步氣象衛星上觀察地球上的颱風會發現以下哪種現象？**

A. 地球在旋轉，颱風也在旋轉

B. 地球在旋轉，颱風不旋轉

C. 地球不旋轉，颱風也不旋轉

D. 地球不旋轉，颱風在旋轉

馬蓋仙不臭蓋 • • • • • • • • ☞ D

　　所謂同步衛星，就是永遠固定在地球上空某個位置的衛星。而一顆衛星固定在地球軌道同一個位置上的先決條件就是：衛星繞地球一周的時間必須剛好是24小時，和地球的自轉週期相同。這樣一來，對於地面上的我們來說，衛星就能固定不動，與地球同步了！所以從衛星上看地球，地球也是相對不動的，會動的只有颱風。

13. **人們常用「太陽從西邊出來」比喻不可能的事，但這對太陽系中的哪顆行星來說卻是事實？**

A. 水星　　　　　　B. 金星

C. 火星　　　　　　D. 木星

馬蓋仙不臭蓋 • • • • • • • • ☞ B

　　太陽系九大行星中，只有金星的自轉方向是從東往西，所以在金星上看到的太陽每天都是西升東落的。

14. 地球上晝夜長短變化幅度最小的地方是哪裡？

A. 南北極　　　　　　B. 南北迴歸線

C. 赤道　　　　　　　D. 黃道

 C

　　太陽直射點隨著季節在南北迴歸線之間來回移動，晝夜長短也隨之變化，而赤道地區的晝弧和夜弧是相等的，所以赤道地區晝夜等長。

15. 下列哪一項與氣候系統相關，請選出最正確的答案？

A. 大氣圈、水圈、冰雪圈、岩石圈、生物圈

B. 大氣圈、水圈

C. 大氣圈、水圈、生物圈

D. 大氣圈、水圈、冰雪圈

 A

　　氣候系統包括大氣圈、冰雪圈、生物圈、水圈和岩石圈（陸地）。引起氣候系統變化的原因可分成自然的氣候波動與人類活動的影響兩大類。前者包括太陽輻射的變化、火山爆發以及氣候系統自身的震盪等；後者包括人類使用燃料排放溫室氣體以及土地利用的變化等。

16. 高氣壓中心附近一般都是什麼天氣？

A. 晴朗天氣　　　　　B. 陰雨天氣

C. 風雪天氣　　　　　D. 乾旱天氣

馬蓋仙不臭蓋 • • • • • •  A

　　高氣壓中心附近的高空氣流要向低空流動，空氣在下降過程中溫度會逐漸升高，空氣中的水汽也就逐漸蒸發掉，所以高壓中心附近一般都是晴朗的好天氣。

17. 下列哪個國家不是與中國大陸接壤的國家？

A. 朝鮮　　　　　　　B. 菲律賓

C. 緬甸　　　　　　　D. 印度

馬蓋仙不臭蓋 • • • • • •  D

　　印度並不是與中國大陸接壤的國家。國家的領土包括領海、內水、領陸、領土的底土（指領海和領土的地下部分）和領空。內水是指國家領陸內以及領海以內的水域。

這些知識有點酷

18. 下面哪個是對「驚蟄」這個節氣的正確描述？

A. 春季開始

B. 降雨量增多，對穀類生長有利

C. 溫度逐漸升高，開始打雷，冬眠動物甦醒

D. 氣候溫暖，草木繁茂，天氣晴朗

 C

驚蟄為春季的第三個節氣。驚蟄是指春雷初響，驚醒蟄伏中的昆蟲。這個時節已經進入仲春，是桃花紅、李花白、鳥兒高飛的時節。按照一般氣候規律，驚蟄前後各地天氣已開始轉暖，並漸有春雷出現，冬眠的動物開始甦醒並出來活動，同時雨水漸多，是春季播種的時機。

19. 世界第一大峽谷是指以下哪一項？

A. 科羅拉多大峽谷　　B. 雅魯藏布大峽谷

C. 東非大裂谷　　D. 長江三峽

 B

1993年10月，中日科學考察隊赴雅魯藏布大峽谷考察，經進一步探索，發現雅魯藏布大峽谷是世界第一大峽谷。

20. *以下哪個地點盛產「南珠」？*

A. 中國　　　　　　B. 泰國
C. 日本　　　　　　D. 緬甸

馬蓋仙不臭蓋 · · · · · · · ·  A

中國南海的美麗城市北海，自古以來便是馳名中外的合浦南珠產地。所產珍珠以質地凝重、光澤晶瑩、顆粒渾圓以及藥效卓著而聞名於世。

21. *以下哪一項是土壤肥沃度的判斷基準？*

A. 無機質　　　　　B. 有機質
C. 礦物質　　　　　D. 水

馬蓋仙不臭蓋 · · · · · · · ·  B

有機質含量的多少是衡量土壤肥沃度的重要基準，有機質和礦物質緊密結合在一起，按其分解程度分為新鮮有機質、半分解有機質和腐植質。腐植質是指新鮮有機質經過微生物分解轉化所形成的黑色膠體物質，一般占土壤有機質總量的85%～90%以上。

22. 「稀土」的主要成分是什麼？

A. 稀少的土壤　　　　B. 氣體
C. 金屬　　　　　　　D. 化學物質

 C

　　1894年由芬蘭化學家約翰‧加得林在瑞典發現，由於貌似土族氧化物，故取名稀土元素。稀土元素在地殼中主要以礦物形式存在。

23. 七大洲中面積最小的是哪一洲？

A. 南極洲　　　　　　B. 北美洲
C. 大洋洲　　　　　　D. 南美洲

 C

　　大洋洲的面積約900萬平方公里，是世界上最小的一個洲。亞洲的面積有4400萬平方公里，是世界第一大洲。非洲的面積約3000萬平方公里，是世界第二大洲。北美洲的面積約2400萬平方公里，是世界第三大洲。南美洲的面積約1800萬平方公里，是世界第四大洲。南極洲的面積1400萬平方公里，是世界第五大洲。歐洲的面積約1000萬平方公里，是世界第六大洲。

24. 考古學家常用碳-14的「半衰期」原理來判斷文物年代,請問「半衰期」的意思是指多少年?

A. 5730 年　　　　　　B. 6730 年
C. 7730 年　　　　　　D. 8730 年

　A

　　碳-14的「半衰期」是5730年,考古學家就是用這種方式確定馬王堆一號漢墓的年代。

25. 判定降雨強度為大雨的主要標準是以下哪一項?

A. 降水強度很大
B. 降水強度大並伴有狂風
C. 1 天降水總量達 50 毫米以上
D. 1 天降水總量 25～50 毫米

　C

　　大雨指24小時累積雨量達50毫米以上,且其中至少有1小時雨量達15毫米以上之降雨現象。豪雨指24小時累積雨量達130毫米以上之降雨現象。大豪雨指24小時累積雨量達200毫米以上之降雨現象。超大豪雨指24小時累積雨量達350毫米以上之降雨現象。

26. 影響植物分佈最重要的條件是以下哪一項？

A. 氣候　　　　　　　B. 溫度
C. 濕度　　　　　　　D. 地形

馬蓋仙不臭蓋 • • • • • • • •  Ⓐ

影響植物分佈的環境因素有許多，但最重要的是氣候因素，因為氣候決定了植物生長所需的光照、熱量和水分條件。

27. 地球自轉時，地軸傾斜的方向始終不變，北極總是指向哪裡？

A. 北斗星　　　　　　B. 北極星
C. 北斗星附近　　　　D. 北極星附近

馬蓋仙不臭蓋 • • • • • • • •  Ⓓ

地球公轉的重要特徵就是軌道與地軸總是保持66.5⁰的夾角，而且北極總是指向北極星附近。由於這個重要的特徵，使得地球在繞日公轉的過程中，太陽有時直射在北半球，有時直射在南半球，有時直射在赤道上。

28. 世界上關於太陽黑子的最早記載，是在古代哪部經典之中？

A. 《尚書》　　　　　　B. 《史記》
C. 《淮南子·精神訓》　D. 《漢書》

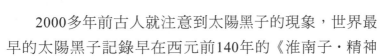 C

　　2000多年前古人就注意到太陽黑子的現象，世界最早的太陽黑子記錄早在西元前140年的《淮南子·精神訓》中，就有「日中有蹲鳥」的記載。

29. 從始祖鳥的化石可知，鳥類是古代哪種生物進化而來的？

A. 魚類　　　　　　　　B. 爬行類
C. 兩棲類　　　　　　　D. 哺乳類

 B

　　「始祖鳥」拉丁文學名的原意為「印石古翼鳥」，身體大小像烏鴉，骨骼構造在許多地方看得出來與爬行動物類似。但另一方面又有鳥類特有的羽毛，顯然是介於爬行類和鳥類之間的過渡物種，證明了鳥類起源於爬行動物類。

30. 流星發光是因為以下哪一項原因？

A. 反射陽光　　　　　B. 自身發光
C. 摩擦碰撞　　　　　D. 月光反射

 **C**

　　流星是闖入大氣的星體，因與大氣分子發生劇烈的碰撞摩擦而產生明亮的光輝和尾巴。

31. 天體的周日運動是指以下哪一項？

A. 東升西落或不落　　B. 西升東落
C. 直升直落　　　　　D. 不升不落

 **A**

　　天體的周日運動是與地球自轉相對的運動，由於地球自西向東自轉，所以絕大多數天體的周日運動為東升西落。只有北極星位於地軸的延長線上，地球自轉時北極永遠指向北極星方向，所以北極星看起來幾乎不移動。

32. 最淺的海洋是以下哪一項？

A. 印度洋　　　　　B. 北冰洋
C. 太平洋　　　　　D. 大西洋

 B

最淺的海洋是北冰洋，平均深度僅1225公尺。

33. 山脈常常成為氣候分界線，以下四個山脈中哪個是溫帶和亞熱帶的分界線

A. 天山　　　　　　B. 祁連山
C. 秦嶺　　　　　　D. 大巴山

 C

　　秦嶺——淮河是中國的南北分界線（即亞熱帶與溫帶的分界線），這是秦嶺在中國大陸其他山脈之中所代表的重大意義。

34. 太陽的化學組成哪種物質最多？

A. 氧
B. 氫
C. 氦
D. 氮

 B

氫約占71％。氦次之，約占27％。

35. 《西遊記》裡提到的「火焰山」是在哪裡？

A. 柴達木盆地
B. 四川盆地
C. 吐魯番窪地
D. 準噶爾盆地

 C

吐魯番窪地夏季炎熱，素有「火州」之稱。盆地中部有條由紅色砂岩構成的低矮山脈，猶如火焰，那就是《西遊記》裡著名的「火焰山」。

36. 南極洲中長年無冰雪覆蓋的面積占整個洲的百分之幾？

A. 2%   B. 5%

C. 7%   D. 9%

 C

南極洲總面積有1400萬平方公里，其中90%以上的面積長年被冰雪覆蓋，形成一巨大而厚實的冰蓋。冰蓋的平均厚度達2450公尺，冰雪總量約2700萬立方公里，占全球冰雪總量的90%以上，儲存了全世界可用淡水的72%。

37. 當天空出現彎曲彩虹的時候，最外層是什麼顏色？

A. 紫色   B. 黃色

C. 紅色   D. 橙色

 C

夏天雷雨或陣雨過後，天空常常出現一條非常美麗的弓形彩帶，由外向內整齊排列著紅、橙、黃、綠、藍、靛、紫七種顏色，這就是虹。

38. *在晴朗的夜空中，能用肉眼看到大約有多少顆星星？*

A. 2000　　　　　　B. 3000

C. 5000　　　　　　D. 10000

 B

　　肉眼可見的星星約有7000多顆，但由於同一個人在同一時間只能看見一半的天空，因此真正能用肉眼看到的星星只有3000多顆左右。

39. *仙后座是什麼形狀的？*

A. x　　　　　　　　B. y

C. z　　　　　　　　D. w

 **D**

　　向北延長秋季四邊形的飛馬座γ星和仙女座α星，有一顆明亮的星，這就是仙后座β星（沿著這條線再向北就可以看到北極星了）。仙后座中最亮的β、α、γ、δ和ε五顆星構成了一個英文字母「M」或「W」的形狀，這是仙后座最顯著的標誌。

40. 北斗七星中最暗的是哪顆星？

A. 玉衡星　　　　　B. 天樞星
C. 天權星　　　　　D. 天璿星

 C

　　北斗七星從斗杓的上端開始，到斗柄的末尾，按順序依次是：天樞、天璿、天璣、天權、玉衡、開陽、瑤光。其中最亮的是「玉衡星」，最暗的是「天權星」。

41. 第一個發現恆星的位置並非永遠不變的是哪一國人？

A. 義大利人　　　　B. 英國人
C. 中國人　　　　　D. 波蘭人

 C

唐代的張遂發現恆星的運動現象比西方早1000年。

42. 一年中至少會發生幾次日蝕？

A. 2 次   B. 3 次
C. 4 次   D. 5 次

馬蓋仙不臭蓋 • • • • • • • •  A

　　日蝕就是太陽被月球遮蔽的現象。日蝕之所以發生有兩個條件：一是月亮在新月（朔）的時候，二是太陽同交點的距離在日蝕限（月亮離黃道與白道交點，介於15.4～18.5度）以內。因此朔望月與交點年的最小公倍數，就與日蝕的週期有關。按照這個規律，一年中至少會發生2次日蝕，最多可發生5次，不可能有任何一年不會發生日蝕。

43. 我們可以看到的月亮，最多占月球表面積的百分之幾？

A. 51%   B. 55%
C. 59%   D. 70%

馬蓋仙不臭蓋 • • • • • • • •  C

　　月球朝向地球的永遠是同一面，我們不可能從地球看到月球的另外一面。嚴格來說，由於月球天平動的關係，我們最多其實可以看到59%的月球表面，而不只是50%。

44. 「琵琶」中的「琵」和「琶」最初指的是以下哪一項？

A. 兩種彈奏方法　　B. 兩種樂器

C. 兩個人　　　　　D. 兩種植物

 A

　　古時候所謂的琵琶，不只是現在我們看到這種，有著梨形共鳴箱的樂器，而是泛指多種彈撥樂器，雖然形狀類似，但大小有別，像現在的柳琴、月琴等，都可說是琵琶類樂器。「琵」、「琶」兩個字其實是樂器的彈奏技法，琵是右手向前彈，琶是右手向後彈。

45. 《史記》中不可能寫到的人物是以下哪一位？

A. 孔子　　　　　　B. 孔融

C. 劉備　　　　　　D. 劉邦

 B

　　《史記》記載了內容從上古傳說中的黃帝時代，直至漢武帝元狩元年（西元前122年），共3000多年的歷史。而孔融生活的年代是153～208年，所以《史記》中不可能寫到孔融。

46 下列哪一部作品屬於儒家經典「四書五經」的「五經」？

A. 《大學》　　　　　B. 《中庸》
C. 《論語》　　　　　D. 《春秋》

馬蓋仙不臭蓋 • • • • • • • 👉 D

　　四書五經是四書和五經的合稱，是中國儒家的經典書籍。四書是指《論語》、《孟子》、《大學》和《中庸》。五經指《詩經》、《尚書》、《禮記》、《周易》、《春秋》，簡稱為「詩、書、禮、易、春秋」。

　　其實本來應該有六經，還有一本《樂經》，合稱「詩、書、禮、樂、易、春秋」，但《樂經》以於秦末戰火中遭毀，只剩下五經。

47. 破除「滿漢不通婚」這個祖訓的是以下哪位皇帝？

A. 雍正　　　　　B. 乾隆
C. 道光　　　　　D. 康熙

馬蓋仙不臭蓋 • • • • • • • 👉 B

　　據歷史記載，乾隆皇帝有個十分寵愛的女兒，這位公主臉上長了一顆黑痣，相士為她算命結果「主災」，

須嫁給比王公大臣更顯赫的家族才能「免災」。於是乾隆想到了山東曲阜的孔府。但孔氏乃漢人，按照祖訓，滿漢不通婚。於是乾隆皇帝巧妙安排，先把女兒送到漢族大臣于敏中家裡做乾女兒，然後以乾女兒的身份嫁給孔子第七十二代嫡孫衍聖公孔憲培。

48. *北極星是北方星空中比較亮的一個星，也即是小熊星α星。北極星距地球有多遠？*

A. 100光年　　　　B. 200光年

C. 300光年　　　　D. 400光年

馬 蓋 仙 不 臭 蓋 • • • • • • D

　　北極星距離我們約400光年。它是距北天極最近的亮星，距極點不足1°。因此，對於地球上的觀測者來說，它好像並不參與周日運動，總是位於北天極處，因而被稱為北極星。正是這個特點使它成為重要的恆星之一。

搶答題

01. 宋代文學家蘇軾和秦觀是好朋友。一次，秦觀外出遊玩，很長時間沒回來。蘇軾很惦記他，就寫信詢問他的情況。不久秦觀回了一封信，這封信只有14個字，並圍成一個圈：

```
已暮賞
時   花
醒   歸
微   去
力   馬
酒飛如
```

蘇軾看畢，連聲叫好，原來這是一首回文詩，詩中描述在外的生活情趣。請問這首詩該怎麼讀？

馬蓋仙不臭蓋 ● ● ● ● ● ● ● ●

　　賞花歸去馬如飛，去馬如飛酒力微。酒力微醒時已暮，醒時已暮賞花歸。

02. 以下名言各出自誰所說？

先天下之憂而憂，後天下之樂而樂。
生於憂患，死於安樂。
橫眉冷對千夫指，俯首甘為孺子牛。

馬蓋仙不臭蓋 • • • • • • •

分別是范仲淹、孟子、魯迅。

03. 請將下列作品與其中的角色連起來。

《封神演義》　　賈桂
《浣紗記》　　　姜子牙
《法門寺》　　　西施

馬蓋仙不臭蓋 • • • • • • •

《封神演義》──姜子牙

《浣紗記》──西施

《法門寺》──賈桂

04. 人們的歌唱發聲，因生理條件不同，一般將分為哪幾種？

馬蓋仙不臭蓋 • • • • • •

男聲、女聲、童聲。

05. 中國民間流傳最廣、影響最大的四大傳說是什麼？

馬蓋仙不臭蓋 • • • • • •

中國民間流傳最廣、影響最大的四大民間傳說是《梁山伯與祝英台》、《白蛇傳》、《牛郎與織女》和《孟姜女》。

06. 請說出下列雅號各是指哪位詩人？

（1）詩傑　（2）詩囚　（3）詩骨　（4）詩豪

馬蓋仙不臭蓋 • • • • • •

詩傑──王勃

詩囚──孟郊

詩骨──賈島

詩豪──劉禹錫

07. 請問以下所指的著名經典為何？提示如下：

《三國演義》、《水滸傳》、《西遊記》、
《金瓶梅》、《紅樓夢》、《儒林外史》、
《聊齋志異》、《官場現形記》、
《二十年目睹之怪現狀》、《老殘遊記》、《孽海花》
中國古典四大名著：請列出四冊書名。
明代四大奇書：請列出四冊書名。
清代長篇小說雙璧：請列出兩冊書名。
四大譴責小說：請列出四冊書名。

馬蓋仙不臭蓋 • • • • • • • •

中國古典四大名著：《三國演義》《水滸傳》《西遊記》《紅樓夢》

明代四大奇書：《三國演義》《水滸傳》《西遊記》《金瓶梅》

清代長篇小說雙璧：《紅樓夢》《儒林外史》

四大譴責小說：《官場現形記》《二十年目睹之怪現狀》《老殘遊記》《孽海花》

這些知識
有點酷

08. 下面四首古詩代表著民間傳統節令，請問詩中所表示的節令分別是什麼？

（1）去年元月時，花市燈如畫。

月上柳梢頭，人約黃昏後。

（2）銀燭秋光冷畫屏，輕羅小扇撲流螢。

天街夜色涼如水，臥看牽牛織女。

（3）細雨成陰近夕陽，湖邊飛閣照寒塘。

黃花應笑關山客，每歲登高在異鄉。

（4）爆竹聲中一歲除，春風送暖入屠蘇。

千門萬戶曈曈日，總把新桃換舊符。

馬蓋仙不臭蓋 • • • • • • • •

元宵、七夕、重陽、春節。

09. 請說出下述軍事名言分別是哪位著名軍事家說的？

（1）戰爭無非是政治通過另一種手段的繼續。

（2）知兵者不言兵，知戰者不言戰。

（3）由一頭獅子率領一群綿羊、將戰勝由一頭綿羊率領的一群獅子。

馬蓋仙不臭蓋 • • • • • • • •

（1）克勞塞維茨（Carl Von Clausewitz）。

（2）諸葛亮。

（3）拿破崙（Napoleon Bonaparte）。

10. 請問說出下列名言的人是誰？

（1）先天下之憂而憂，後天下之樂而樂。
（2）人生自古誰無死，留取丹心照汗青。
（3）我以我血薦軒轅。
（4）天下興亡，匹夫有責。

馬蓋仙不臭蓋・・・・・・・・・

（1）范仲淹。
（2）文天祥。
（3）魯迅。
（4）顧炎武。

11. 「飲中八仙」是指哪些人？神話傳說中的八仙又是指哪些人？

馬蓋仙不臭蓋・・・・・・・・・

飲中八仙指的是：李白、賀知章、李適之、汝陽王（李璡）、崔宗之、蘇晉、張旭、焦遂。

神話傳說中的八仙指的是：李鐵拐、漢鐘離、張果老、何仙姑、藍采和、呂洞賓、韓湘子、曹國舅。

12. 「一葉浮萍歸大海」的下一句是什麼？

馬蓋仙不臭蓋 • • • • • • •

「一葉浮萍歸大海，人生何處不相逢。」這句話最早的出處是明朝吳承恩的西遊記。

13. 請將下列雅號與對應的詩人連在一起。

詩魔白　居易
詩鬼　李賀
詩瓢　唐球

馬蓋仙不臭蓋 • • • • • • •

詩魔──唐代詩人白居易
詩鬼──唐代詩人李賀
詩瓢──唐代詩人唐球。

14. 請問下列詩句是描寫哪個季節的景色？

（1）窗含西嶺千秋雪，門泊東吳萬里船。
（2）稻花香裡說豐年，聽取蛙聲一片。
（3）腸斷江城雁，高高正北飛。
（4）天街小雨潤如酥，草色遙看近卻無。

馬蓋仙不臭蓋 • • • • • •

分別是冬天、夏天、秋天、春天。

15. 《水調歌頭》中「此事古難全」的「此事」指的是什麼？

馬蓋仙不臭蓋 • • • • • • •

指的是「人有悲歡離合，月有陰晴圓缺。」

16. 請問下面這首詩的詩名是什麼？作者是誰？又是什麼體裁？

清晨入古寺，初日照高林。
曲徑通幽處，禪房花木深。
山光悅鳥性，潭影空人心。
萬籟此俱寂，惟聞鐘磬音。

馬蓋仙不臭蓋 • • • • • • •

詩名：《題破山寺後禪院》，作者是唐朝詩人常建，體裁為五律。

這些知識
有點酷

17. *請猜成語：*

最吝嗇的人（ ）
最怪的動物（ ）
最高的柱子（ ）
最難做的飯（ ）

馬蓋仙不臭蓋 ● ● ● ● ● ● ● ●

一毛不拔；虎頭蛇尾；一柱擎天；無米之炊。

18. *請分別說出白領、藍領、粉領的含義及出現的年代。*

馬蓋仙不臭蓋 ● ● ● ● ● ● ● ●

「白領」一詞，最早出現於1920年代，泛指辦公室的職員、教師、企業經理等。因他們上班時總是穿著白領襯衫和西服，因此而得名。

「藍領」一詞始見於1940年代，泛指從事體力勞動的工人，他們穿的工作服一般為藍色，故得名。

「粉領」一詞出現於1970年代之後，泛指在職場上工作的婦女。因婦女愛穿粉紅色服裝，因而得名。

19. 請按照以下要求，寫出帶有「馬」字的成語

馬□□□

□馬□□

□□馬□

□□□馬

馬蓋仙不臭蓋 • • • • • • •

馬到成功；老馬識途；人困馬乏；心猿意馬

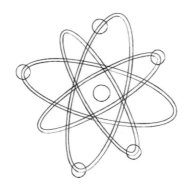

Part 3
林來瘋的教育營

維納斯在希臘神話中代表什麼？

清潔的空氣中含有多少氧？

世界上面積最小的紙幣面值多少？

被譽為「藝術之母」的是哪一種藝

術？

煎中藥用什麼溫度的水比較好？

進入有趣的大千世界，玩味從古到

今、從藝術到科學的文化精髓。

01. 第一幅被歸屬為印象派的畫作是《最後的晚餐》。

林 來 瘋 懂 很 多 • • • • • • • 👉 錯

第一幅印象派畫作是《日出·印象》。

02. 「大江東去，浪淘盡，千古風流人物」與「明月幾時有，把酒問青天」這兩首詩出自同一位作者。

林 來 瘋 懂 很 多 • • • • • • • 👉 對

分別出自蘇軾的《念奴嬌》和《水調歌頭》。蘇軾，字子瞻，號東坡居士，四川眉州眉山（今四川省眉山縣）人。父親蘇洵與弟弟蘇轍都是唐宋散文八大家之一，世稱「三蘇」。蘇軾曾於宋仁宗嘉祐二年考中過進士。

這些知識
有點酷

03. 希臘神話中除了宙斯以外，最尊貴的神就是波賽頓。

林來瘋懂很多 • • • • • • ■■■☞ **對**

　　波賽頓原本有機會奪得天地霸權，但他終究不具備霸主的冷酷無情，從愛妻爲自己死去的那一刻起，權力對他而言已不具意義。

04. 古代詩壇上被合稱為「王孟」，指的是王維和孟浩然這兩位詩人。

林來瘋懂很多 • • • • • • ■■■☞ **對**

　　王維和孟浩然在盛唐時期享有盛譽，對當時的詩壇影響很大。崔興宗在《酬王維詩序》中，稱王維爲「當代詩匠」。王士源在《孟浩然集序》中，說孟浩然的五言詩「天下稱其盡美矣」。

05. 「海內存知己，天涯若比鄰」是一句千古名句，出自唐朝詩人李白的《杜少府之任蜀州》。

林來瘋懂很多 • • • • • • ■■■☞ **錯**

　　這句話出自唐朝詩人王勃的《杜少府之任蜀州》。

06. 大家都知道斯芬克斯（Sphinx）是古埃及的人面獅身像。而在希臘神話中，指的則是女妖。

林來瘋懂很多 · · · · · · · 👉 對

斯芬克斯在希臘神話裡是一個帶翼的怪物。她是巨人堤豐和蛇怪厄喀德娜所生的女兒之一，長著美女的頭，獅子的身子，總在底比斯城外的懸崖上蹲著，對路過的人說謎語。

07. 莎士比亞所創作的四大喜劇是早期的作品，四大悲劇則是他第二個創作時期的作品。

林來瘋懂很多 · · · · · · · 👉 對

莎士比亞是英國文藝復興時期的偉大戲劇家，被譽為英國戲劇之父。他一生以飽滿的熱情寫出37部戲劇。其中有四大喜劇：《仲夏夜之夢A Midsummer Night's Dream》、《皆大歡喜As You Like It》、《威尼斯商人The Merchant of Venice》、《第十二夜Twelfth Night.》。四大悲劇：《哈姆雷特Hamlet》、《奧賽羅Othello》、《李爾王King Lear》、《馬克白Macbeth》。

莎士比亞的四大喜劇是他早期的作品，內容充滿人文主義的理想。而四大悲劇是他第二個創作時期的作品。

在這個時期裡，他看清了理想和現實之間存在著不可克服的矛盾，因此他反對暴力，主張人道，同情人民的疾苦，也深刻體會人性。這一切也促使他寫出許多抑鬱的悲劇。

08. 被譽為「靖節先生」的陶淵明又被稱為田園詩人。

林來瘋懂很多● ● ● ● ● ● ● ● ☞ **對**

陶淵明，單名潛，字元亮，自號五柳先生，諡靖節，又被稱為田園詩人。著有《陶淵明集》，代表作有《桃花源記》、《歸去來兮辭》、《歸園田居》、《飲酒》等。

09. 芭蕾是法國人創造的。

林來瘋懂很多● ● ● ● ● ● ● ● ☞ **錯**

1496年，法國國王查理八世來到義大利的那不勒斯，一路上他為義大利舞蹈的華美演出驚為天人，於是便將這種叫做「芭莉」或「芭萊蒂」的舞蹈帶回了法國。在此之前，法國有一種被稱為「假面舞會」的宮廷舞蹈，也類似後來的芭蕾。隨著義大利舞蹈進入法國，影響了宮廷舞蹈的發展。到了19世紀，芭蕾舞進入「黃金時代」，漸漸分支形成義大利、法國、俄羅斯三大學派。

而到了現代，芭蕾和現代舞結合，又賦予芭蕾以新生命，催生了所謂的「現代芭蕾」。

10. 「春花秋月何時了，往事知多少。」這兩句詞出自中國第一位女詞人李清照的《虞美人》。

林來瘋懂很多 ● ● ● ● ● ● ● ■■■☞ 錯

這兩句詞出自李煜的作品《虞美人》。全文是：「春花秋月何時了，往事知多少。小樓昨夜又東風，故國不堪回首月明中。雕欄玉砌應猶在，只是朱顏改。問君能有幾多愁，恰似一江春水向東流。」

11. 「詩中有畫，畫中有詩」，是蘇軾對孟浩然的評價。

林來瘋懂很多 ● ● ● ● ● ● ● ■■■☞ 錯

蘇軾《東坡題跋》下卷《書摩詰藍田煙雨圖》中評論唐代王維的作品：「味摩詰之詩，詩中有畫；觀摩詰之畫，畫中有詩。」王維既是詩人，又是畫家，其所成就，不僅止於能詩善畫，還把藝術中的詩與畫融合在一起。詩畫的結合，不僅是國畫的傳統，也是特點之一。

12. 「畢竟，明天又是新的一天了。(After all, tomorrow is another day.)」這是世界名著《飄》的結尾。

林來瘋懂很多 • • • • • • • • ☞ **對**

《飄》是美國著名女作家瑪格麗特·米切爾的唯一一部小說作品。它以南北戰爭時期美國南方動亂的社會現實為背景，以「亂世佳人」郝思嘉為主線，描寫幾對青年之間的感情糾葛。自問世以來，這部作品早已成為享譽世界的愛情小說。

13. 吉他又被稱為六弦琴。

林來瘋懂很多 • • • • • • • • ☞ **對**

吉他是一種西洋樂器。形狀扁平，呈葫蘆形。吉他的種類不少，有四弦、六弦、七弦、八弦，還有十弦、十二弦，甚至更多。一般常見六弦，故稱「六弦琴」。

14. 希臘神話中，從宙斯身體裡生出來的孩子是雅典娜。

林 來 瘋 懂 很 多・・・・・・・・・ ☞ 對

　　傳說雅典娜是宙斯與聰慧女神墨提斯（Metis）所生，因有預言說墨提斯所生的兒女會推翻宙斯，宙斯遂將她整個吞入腹中，此後宙斯便得了嚴重的頭痛症。包括藥神在內的所有山神試圖實施治療，結果都是徒勞。眾神與人類之父宙斯只好要求火神打開他的頭顱。火神照做了。令奧林匹斯諸神驚訝的是：一位體態婀娜、披堅執銳的女神，竟從裂開的頭顱中走了出來，光彩照人，儀態萬千。她就是智慧與知識女神雅典娜，雅典的守護神。

15. 「理論是灰色的，只有生命之樹常青。」這句話出自歌德的《浮士德》。

林 來 瘋 懂 很 多・・・・・・・・・ ☞ 對

　　長篇詩劇《浮士德》是歌德一生最重要的代表作，他的創作延續了將近60年之久。第一部完成於1806年，第二部完成於1831年。詩劇以德國民間傳說為題材，背景是文藝復興之後的德國和歐洲社會，描寫一位新興資產階級的先進知識份子，因不滿現實而竭力探索人生意義和社會理想的過程。

16. 中國周邊的國家曾經使用過漢字，直至目前，日本、韓國等地仍會使用漢字。

林來瘋懂很多 • • • • • • • 👉 **對**

在日本，漢字的使用非常普遍。但在韓國因爲政策導向的關係，目前能夠讀寫漢字的韓國青年越來越少，街道景點也很少見到漢字出現。近年來，韓國政府已有逐漸恢復漢字學習的計劃。

17. 對聯的上聯應貼在門框的左邊。

林來瘋懂很多 • • • • • • • 👉 **錯**

對聯的上聯應貼在門框的右邊。

18. 農曆把每月初一叫做望日。

林來瘋懂很多 • • • • • • • 👉 **錯**

農曆把每月初一叫做朔日，望日是農曆每月十五。

19. 軍機發生事故或者被擊中時，駕駛員總會跳傘逃生。小小的一葉降落傘可以挽救人的生命。可是在一般客機上，不管是乘客或是機組人員，卻全都沒有降落傘。

林來瘋懂很多 • • • • • • ■■■☞ 對

　　儘管跳傘是相當好的逃生方式，但卻需要相當嚴格的訓練。對於沒有經過訓練的人來說，跳傘是相當危險的。事實上飛機的小晃動或者機械故障，有時是可以正常排除的，跳傘反而會造成傷亡事故，所以就連機組人員也沒有降落傘。客機工作人員的職業道德要求他們一定要工作到最後一刻。

20. 在緬甸的巴洞地區，每一個家庭都以長脖為美。最年長的女人就是脖子最長的，在大家眼中也是最美的。

林來瘋懂很多 • • • • • • ■■■☞ 對

　　在緬甸的巴洞地區，女孩子從五歲開始，就由村醫用一根直徑為三分之一英吋的黃銅棒繞在女子的脖子上。第二次用雞骨占卜，確定黃道吉日再繞上幾圈。以後隨著年齡的增長，定期地加圈。婦女頸部套上一圈又一圈的黃銅環，抬高了頜骨，壓低了鎖骨。脖頸最長者可達三十公分。

21. 德國青年志願者的服務項目很多，經常義務為政府從事一些報酬低、又累又髒且沒人願意做的工作，如：幫替農民清潔煙囪。

林來瘋懂很多 ● ● ● ● ● ● ☞ **錯**

在德國，煙囪清潔工的報酬比一般公務員還高。所以，許多人都樂意從事此項職業。

22. 荷蘭有一種古老的習俗，就是當送喪行列經過風車旁邊時，風車就立刻停止工作，把車葉的位置微微移動，表示哀悼。

林來瘋懂很多 ● ● ● ● ● ● ☞ **對**

風車是荷蘭的標誌，荷蘭的風車有大有小。大風車有數層樓之高，風車裡可以住人，或用做堆放物品的倉庫，只有最高一層才是風車的轉動樞紐。

01. 處於最小動脈和最小靜脈之間的小血管叫：

A. 毛細血管　　　　B. 微血管

　　毛細血管是人體內分佈最廣、管壁最薄、口徑最小的血管，一般僅能容納1～2個紅血球通過。其管壁主要由一層內皮細胞構成，在內皮外有一層薄薄的結締組織。

02. 長期飲茶能減輕放射性元素對人體的損害嗎？

A. 能　　　　　　　B. 不能

　　茶中含有β-胡蘿蔔素、鈣、脂多糖、茶多酚等物質，可以幫助減輕視覺疲勞以及防止輻射的效用。飲茶對減輕螢幕射線的危害很有幫助，最直接的作用就是飲茶能夠增加排尿，將毒素排出，淨化體內環境。

03. 動物油與植物油哪個較好？

A. 植物油好　　　　　B. 動物油好

林來瘋懂很多 • • • • • • • • Ⓐ

　　因為植物油含有較多人體必須的不飽和脂肪酸，可降低血中膽固醇，減少發生動脈硬化症的危險。而動物油則相反，含有較多的飽和脂肪和膽固醇，如果過量食用，容易導致血管硬化，引起高血壓、冠心病等疾病。

04. 糖尿病的病因是胰島素分泌過多還是不足的關係？

A. 太少　　　　　B. 太多

林來瘋懂很多 • • • • • • • • Ⓐ

糖尿病是因為胰島素分泌不足導致血糖升高的緣故。

05. 常聽到「救人一命，勝造七級浮屠」中的「七級浮屠」就是「七級佛塔」的意思嗎？

A. 是　　　　　B. 不是

林來瘋懂很多 • • • • • • • A

在佛教中,「佛塔」的梵文音譯為「浮屠」,因而也稱「佛塔」為「浮屠」。

06. 「小品」這個詞一開始跟什麼有關係?

A. 佛教　　　　　　B. 藝術

林來瘋懂很多 • • • • • • • A

「小品」一詞最早始於晉代,本屬佛教用語。《世語新說‧文學》「殷中軍讀小品」句下劉孝標注:「釋氏《辨空經》有詳者焉,有略者焉。詳者為大品,略者為小品。」鳩摩羅什翻譯《摩訶般若波羅蜜經》,將較詳細的二十七卷本稱作《大品般若》,較加重的十卷本稱作《小品般若》。可見,「小品」與「大品」意義相對,原指佛經的節本。小品因其篇幅短小、語言簡約、便於誦讀和傳播,因而受到人們的青睞。直至80年代初,有人提出喜劇小品,這種藝術形式被搬上螢幕,囊括了話劇、相聲、地方戲曲、民間歌舞等劇碼。

07. 在古代被命名為「天馬」的是以下哪一項？

A. 汗血寶馬　　　　　B. 赤兔馬

林來瘋懂很多 • • • • • • •  A

　　汗血寶馬是漢武帝時得自西域大宛的良馬，命名為天馬。號稱一日千里，據說此馬在奔跑的時候。肩胛部出汗如血，故又稱汗血馬。

08. 「大學生是天之驕子」這句話對現代人來講一點也沒錯，可是在古代天之驕子指的是以下哪一項？

A. 匈奴　　　　　B. 皇帝

林來瘋懂很多 • • • • • • •  A

　　單于曾寫過一封信給漢武帝：「南有大漢，北有強胡。胡者，天之驕子也。」古代的匈奴是輕騎兵，從小就在馬背上長大的，長於騎射，機動靈活，他們認為自己是天之驕子也不為過。

09. 古人表示年齡都有專門的代稱，二十稱「弱冠」，三十稱「而立」，那麼六十稱什麼？

A. 不惑　　　　　　　B. 花甲

 B

以天干和地支按順序相配，即甲、乙、丙、丁、戊、己、庚、辛、壬、癸與子、丑、寅、卯、辰、巳、午、未、申、酉、戌、亥相組合，從「甲子」起，到「癸亥」止，滿六十為一周，稱為「六十甲子」，亦稱「六十花甲子」。

10. 戴戒指是現代很流行的時尚，多半是為了美觀。而在古代戴戒指的意義是什麼？

A. 美觀　　　　　　　B. 記事

林來瘋懂很多 · · · · · · · · · **B**

據說戒指起源於古時候的中國宮廷，女性戴戒指是為了記事。傳到民間之後，多半以美觀為主，久而久之就形成了風氣。

11. 去寺廟拜佛必須講究許多禮儀,請問普通人拜佛要選擇哪個位置?

A. 中間的　　　　　B. 兩邊的

林來瘋懂很多 • • • • • • • B

拜佛的時候,大殿中央的拜墊是方丈用的,一般人宜用兩旁的墊凳,並且按照男左女右的順序禮拜。如果有人正在禮拜,則不可從他的頭前經過。

12. 油條的來歷與誰有關呢?

A. 秦檜　　　　　B. 高俅

林來瘋懂很多 • • • • • • •  A

南宋年間,岳飛將軍被賣國宰相秦檜和他的老婆王氏害死的消息傳開後,百姓們個個不服氣。有一家賣油炸糯米糰的人家很氣憤,於是做了兩個麵人扔到油鍋裡,表示對秦檜夫妻的憤恨,並稱這是「油炸檜」。後來,人們為了方便,將麵糰切成許多小條,然後拿兩根,扭在一起,放到油鍋裡去炸,仍舊叫它「油炸檜」。這就是我們常吃的油條。

《本草綱目》的作者是哪一位？

A. 李時珍　　　　　　B. 孫思邈

 **A**

　　《本草綱目》是著名的醫藥學家李時珍於1587年完成的巨著，該書共有190多萬字，收集藥物共1892種，對人類做出了巨大貢獻。

 冰糖葫蘆是民間傳統美食，它的做法是將山楂或李子用竹籤串成一串，再裹上麥芽糖而成，吃起來酸甜香脆。請問冰糖葫蘆最初起的起源是什麼？

A. 宮廷食品　　　　　B. 民間偏方

 **B**

　　南宋紹熙年間，宋光宗皇帝寵愛的黃貴妃生病，御醫用了許多貴重藥品，都不見效。皇帝無奈，只好張榜招醫，一位江湖郎中揭榜進宮，他為貴妃診脈後說：「只要將山楂與冰糖一同熬煮，每餐飯前吃五至十枚，半月後病就會好了。」貴妃按此方服後，果然如期痊癒了。

15. *煎中藥用什麼溫度的水比較好？*

A. 涼水　　　　　B. 溫水

林 來 瘋 懂 很 多 • • • • • • • • 👉 A

　　煎中藥對水的要求很有講究，煎煮前需要沉澱1小時，以澄清水中的雜質，並且只能用涼水。

16. *中國現存最早的藥物學專著是以下哪一項？*

A.《本草綱目》　　　B.《神農本草經》

林 來 瘋 懂 很 多 • • • • • • • • 👉 B

　　《神農本草經》於漢代成書，是中國現存最早的藥物學專著，而《本草綱目》是中國古代最大的藥物學巨著。

17. *山東山西的山是指以下哪一座山？*

A. 長白山　　　　　B. 太行山

林 來 瘋 懂 很 多 • • • • • • • • 👉 B

太行山是山西與河北的交界，太行山以東是河北而

不是山東。山東的山，在古時有兩個意思，一是指崤山，一是指太行山。古時崤山以東的廣大地區，即指秦國東邊的中原地區。比如《史記》有「山東豪傑」一詞，就是這層含義。山東的另一個解釋，就是泛指太行山以東的地區，山東省名即來源於此。

18. 醫界又被稱為什麼？

A. 桃林 　　　　　　B. 杏林

林來瘋懂很多 • • • • • • • • ☞ B

董奉是漢代有名的中醫大夫，相傳他在府上為人治病時，從不收取診費，只要求患者病癒之後，在他的家宅四周隨意種下幾棵杏樹。重病痊癒者栽種五棵，輕病痊癒者栽種一棵。幾年之後，董奉住處四周竟然成了一座杏樹林。遠遠望去，林深樹密，茂盛蔥鬱，無邊無際。此後人們看到杏林，便聯想起醫德高尚、醫術高明的董奉先生，從此醫界便又稱為「杏林」。

這些知識有點酷

19. 哪種運動是藏族的傳統體育項目，這項活動在牧區、半農半牧區較為盛行？

A. 摔跤　　　　　　B. 賽犛牛

林來瘋懂很多 • • • • • • • ☞ B

賽犛牛是藏族的傳統體育項目。由經驗豐富的牧民駕馭性情暴躁的犛牛進行賽跑，原來定在每年11月25日進行，現在則改在秋收前。犛牛是青藏高原的生產運輸工具，所以賽犛牛在牧區和半農半牧區比較盛行。

01. 相傳「二百五」的由來與誰的死有關？

A. 蘇秦　　　　B. 商鞅　　　　C. 齊王

林來瘋懂很多 • • • • • • • •  **A**

　　相傳戰國時期，身掛六國相印的蘇秦被人暗殺了。齊王非常惱怒，要替蘇秦報仇，但又一時抓不到兇手。於是他想了一條計策，讓人把蘇秦的頭從屍體上割下來，懸掛在城門上，貼出公告：蘇秦是個內奸，殺了他乃為齊國除去大害，當賞黃金千兩，望為領賞。榜文一貼出，就有四個人前來，都一口咬定是自己殺了蘇秦。

　　齊王說：「真勇士也！一千兩黃金，你們四個人各分得多少？」

　　四人齊聲回：「一人二百五。」

　　齊王拍案大怒道：「來人，把這四個二百五推出去斬了！」

02. 偉大的愛國詩人屈原被誣陷而遭流放，後來投江自殺，他投的江是：

A. 長江　　　B. 灕江　　　C. 汨羅江

林來瘋懂很多 • • • • • • • **C**

　　據記載，詩人屈原懷抱著楚國的泥土，自沉於汨羅江。傳說那一天便是農曆五月初五端午節。

03. 維納斯在希臘神話中代表什麼？

A. 智慧女神　　B. 愛神和美神　　C. 自由女神

林來瘋懂很多 • • • • • • • **B**

　　維納斯是羅馬神話中代表愛和美的女神。在希臘神話中，她叫愛芙羅黛蒂（Aphrodite），是希臘人最崇拜也最喜愛的女神之一。

04. 海軍戰士的軍帽上都有一個飄帶，設計這個飄帶是為了：

A. 紀念海軍軍官

B. 綁在脖子上使帽子不被風刮走

C. 識別風向

林來瘋懂很多 ● ● ● ● ● ● ● ●  A

　　為了悼念在拿破崙入侵戰爭中壯烈犧牲的英國海軍統帥納爾遜，全體海軍士兵在帽子尾端綁上兩條黑紗。從此這兩條黑紗就永遠留在海軍帽子上了。

05. *古代的一個時辰相當於今天的：*

A. 半小時　　　　B. 一小時　　　　C. 兩小時

林來瘋懂很多 ● ● ● ● ● ● ● ●  C

　　古人把一晝夜分為十二個時辰，對應今天的二十四小時，一個時辰相當於兩小時。

06. *世界上最早的志願者組織主要工作是：*

A. 戰後重建家園　B. 保護生態平衡　C. 傳播技術知識

林來瘋懂很多 ● ● ● ● ● ● ● ● A

　　第一次世界大戰後百廢待舉，城市需要重建，人民需要團結和平的氛圍。德國人皮埃爾在瑞士組成《國際民眾服務組織》，該組織致力於救災、重建家園，促進人們之間的交流。該組織被認為是最早的志願者組織。

07. 被稱為「萬物之園」的是：

A. 圓明園　　　　B. 頤和園　　　　C. 寄暢園

 A

　　圓明園曾以其宏大的地域規模、傑出的營造技藝、精美的建築景群、豐富的文化收藏和博大精深的民族內涵而享譽世界，被譽為「一切造園藝術的典範」和「萬物之園」。

08. 召還岳飛的12道金牌是什麼材料做成的？

A. 黃金　　　　B. 青銅　　　　C. 木板

 C

　　這裡的金牌並不是指黃金做成的牌子，而是一種木製的漆牌，長約一尺有餘，朱漆金字，上刻「御前文字，不得入鋪」八個字。它是宋代多種通信檄牌中之一，表示以最快的速度傳遞緊急文字。

09. 歷史上最大的一次戰爭是：

A. 第一次世界大戰
B. 第二次世界大戰
C. 美西戰爭

林來瘋懂很多 ● ● ● ● ● ● ● ● B

第二次世界大戰不論規模、波及範圍、傷亡人數、損失都是空前的。據統計，此次戰爭軍費達13000億美元，受災死亡的人民不計其數，僅軍事人員就達到兩千多萬。

10. 第二次工業革命是以下列哪項技術的運用為標誌？

A. 蒸汽機的運用
B. 電力的應用
C. 電腦的廣泛運用

林來瘋懂很多 ● ● ● ● ● ● ● ●  B

第一次工業革命發生在19世紀初，以蒸汽機的發明為標誌，第二次工業革命發生在19世紀末20世紀初，以電力的發明為標誌。

11. 吃年糕的習俗與下列哪位歷史人物有關？

A. 伍子胥　　　B. 范蠡　　　C. 屈原

　　伍子胥是春秋時期的名將，他幫助吳王闔閭奪取王位，並且對吳國一直非常忠誠，但是吳王之子夫差繼位後聽信讒言，殺了伍子胥。伍子胥臨死前對部下說：我死後若國家有難，民眾沒糧吃，就到城門牆下挖地三尺就可以找到吃的東西。後來越國進攻吳國，城中軍民斷糧，伍子胥的部下就帶領軍民在城牆門下挖地，果然挖出許多可以充飢的「城磚」。

　　原來「城磚」是糯米粉壓成的。這是伍子胥生前設下的「積糧防急」之計，吳國軍民就靠著這些城磚終於渡過難關。此後每逢過年，吳國百姓都要壓製類似「城磚」的年糕，以紀念伍子胥。

12. 第一個踏上月球的人是誰？

A. 加加林　　　B. 大衛·布朗　　　C. 阿姆斯壯

　　尼爾·阿姆斯壯是「阿波羅11號」的指揮官兼駕駛，於1969年7月登上月球表面，成為在地球之外的天體上活

動的第一人。

他的月球之行是人類歷史上最重大的事件之一，對此他曾說過一句名言：「這是個人的一小步，卻是人類的一大步。」

13. 我們看寬銀幕電影感覺視野非常開闊，畫面也很逼真，那麼寬銀幕的銀幕是：

A. 平的 　　　　B. 圓弧形 　　　　C. 中間凹

 B

寬銀幕比普通銀幕寬，只有做成圓弧形，中部和兩側才能同時聚焦，這樣銀幕上各處的畫面就一樣清晰了。

14. 太空人在飛船裡處於失重狀態，和生活和在地面上完全不同，他們在哪裡洗澡呢？

A. 浴盆 　　　　B. 封閉的口袋 　　　　C. 淋浴

 B

太空人在一個類似睡袋的封閉口袋中洗澡，袋子可以射出清水和沐浴精。搓洗完畢後，打開袋下的設備把髒水抽走。

15. 清潔的空氣中含有多少氧？

A. 21%　　　　B. 31%　　　　C. 41%

林 來 瘋 懂 很 多 ● ● ● ● ● ●  **A**

清潔的空氣中含有21%至23%氧。

16. 人體血液中的紅血球可存活多少天？

A. 80 天　　　B. 120 天　　　C. 150 天

林 來 瘋 懂 很 多 ● ● ● ● ● ● **B**

　　人體紅血球的新陳代謝是不斷進行的。人類紅血球的平均壽命約為120天。

　　一個正常成年人身上每天約有10億個紅血球正在衰老死亡，同樣也有相近數量的紅血球正在新生。

17. 一般說來，聲音在多少分貝以下時，環境是安靜的。

A. 50 分貝　　　B. 60 分貝　　　C. 70 分貝

林 來 瘋 懂 很 多 ● ● ● ● ● ● **A**

　　1分貝是人類耳朵剛好能聽到的聲音，20分貝以下的聲音，我們認為它是安靜的。

　　一般來說15分貝以下的聲音，我們就可以認為它屬於「死寂」的程度。

　　20～40分貝大約是情侶耳邊的喃喃細語。

　　40～60分貝屬於我們正常的交談聲音。

　　60分貝以上就屬於吵鬧範圍了。

18. 兩岸土質相同的某河流，河水自南向北流。若東岸受河水沖刷較嚴重，則該河流處於哪一個半球？

A. 北半球　　　　B. 南半球　　　　C. 無法判斷

林來瘋懂很多 • • • • • • • • ☞ Ⓐ

　　這是在北半球運動的河水受到科氏力的作用所引起。地球自西向東轉。在北半球時，角速度方向指向北自轉軸，科氏力的方向在速度方向的右邊。而在南半球時，角速度方向指向南自轉軸，科氏力的方向就在速度方向的左邊。所以在北半球河流的右岸受到科氏力的作用，會沖刷得比較厲害一些。

19. 在國際七個單位中，不包括下面哪個：

A. 坎德拉　　　　B. 安培　　　　C. 伏特

林 來 瘋 懂 很 多 ● ● ● ● ● ● ● ●  C

目前國際單位制共有七個基本單位，各為：公尺、千克、秒、安培、開爾文、摩爾和坎德拉。

20. 不能用開水煎煮中藥的原因是：

A. 開水會殺死植物性中藥的有效細胞
B. 開水會使澱粉和蛋白凝結
C. 開水不能和中藥融合

林 來 瘋 懂 很 多 ● ● ● ● ● ● ● ● B

如果用開水煎中藥，中藥材一接觸開水，細胞膜受熱立即變性凝固，不容易讓有機物分子通過。

這樣一來，中藥材中的有效成分就很難滲入水中，中藥的藥效自然就要大打折扣，甚至根本達不到治病目的。只有採用逐步加熱的方式才有利於萃取藥汁，發揮療效。

21. 《蒙娜麗莎》是一幅優秀的油畫作品。油畫藝術是在西元15世紀由歐洲人發明的，其顏料是用顏料和什麼融合製成的？

A. 油　　　　　B. 墨　　　　　C. 水

 **A**

油畫常用的油有：亞麻仁油、松節油、上光油等。

22. 電話的發明縮短了人和人之間的距離，是一項非常偉大的發明。那麼電話的發明者是：

A. 愛迪生　　　B. 愛因斯坦　　　C. 貝爾

 **C**

電話利用的是聲電轉換和遠距離傳輸的原理來傳遞話音，這種通信方式是由蘇格蘭科學家貝爾在1876年所發明。

23. 紅十字標誌來自：

A. 十字架　　　B. 美國國旗　　　C. 瑞士國旗

林來瘋懂很多 • • • • • • •  C

1864年8月，來自十二國的代表在日內瓦開會，規定交戰雙方承認醫院和醫務人員的中立，傷病患者不分國別都有得到治療的權利。傷兵救護國際委員會並以白底紅十字爲標誌，向首先發起並全力支援該組織的瑞士致意。

1880年該組織改稱爲「紅十字國際委員會」。從此以後紅十字也就成爲全世界醫院和醫務設備的標誌了。

24. 補充哪種維生素有利於兒童骨骼生長？

A. 維生素 A　　　B. 維生素 D　　　C. 維生素 E

林來瘋懂很多 • • • • • • •  B

維生素D是幫助身體吸收鈣磷的營養素，對骨骼的生長、神經系統的正常作用、牙齒的形成等都是必須品，在哺乳期時更爲重要。

25. 世界上第一台電腦ENIAC是哪一年研發成功的？

A. 1944　　　　B. 1945　　　　C. 1946

林來瘋懂很多 • • • • • • • • ☞ C

第一台電子電腦叫ENIAC（英文全稱為Electronic Numerical Integrator And Computer），它於1946年2月15日在美國宣告誕生。負責開發工作的「莫爾小組」有四位科學家：埃克特、莫克利、戈爾斯坦、博克斯組成，總工程師埃克特當時年僅24歲。

26. 下面提供幾種識別礦泉水真假的方法，哪一種是錯誤的？

A. 在日光下有少許沉澱和懸浮物
B. 折光率較自來水大
C. 礦化度較自來水大

林來瘋懂很多 • • • • • • • • ☞ A

透明度：礦泉水在日光下呈無色透明狀態，不含雜質，無混濁現象；而自來水則在瓶底有少許沉澱和懸浮物。

折光率：將礦泉水注入清潔的玻璃杯中，放進竹筷觀察其光線折射程度。礦泉水因含有豐富的礦物質，折光率比自來水大。

比重：礦泉水含有豐富的礦物質，礦化程度比自來水大。

27. 生化武器的組成是：

A. 致病微生物及生物毒素和施放載體
B. 微生物和施放載體
C. 生物和施放載體

林來瘋懂很多 • • • • • • • • A

生化武器是一種利用生物戰劑及其施放裝置所組成的大規模殺傷性特種武器。

自然界致病微生物有一千多種，但作為生物戰劑就必須具備以下條件：高度致病、易傳播蔓延、對外界抵抗力強、能批量生產、防治困難等。

28. 紫外線能夠殺菌的主要原因是：

A. 破壞細菌的核酸
B. 破壞細菌的糖類
C. 破壞細菌的脂類

林來瘋懂很多 • • • • • • •  A

紫外線消毒技術是利用特殊設計的高功率、高強度

和長壽命的UVC紫外光產生裝置，其產生的強紫外線UVC，照射水、空氣、物體表面的各種細菌、病毒、寄生蟲、水藻以及其他病原體，這些病原體受到一定劑量的紫外線輻射後，細胞中的DNA結構受到破壞，因此能在不使用任何化學藥物的情況下殺滅細菌、病毒，以及其他致病體，達到消毒和淨化的目的。

29. 農業、製造業和服務業是我們傳統的三大產業，以下哪個產業在工業發展之中也是很重要的新興產業：

A. 智力產業　　　B. 資訊產業　　　C. 勞力產業

林來瘋懂很多・・・・・・・・　👉 B

　　在工業發達國家，一般都把資訊當做社會生產力和國民經濟發展的重要資源，把資訊產業作為所有產業核心的新型產業群。

30. *2004年初，美國NASA的兩架火星探測車成功登陸，他們不包括下面哪個？*

A. 勇氣號　　　B. 機遇號　　　C. 水手號

林來瘋懂很多 • • • • • • • 👉 C

　　2004年1月3日，美國NASA的「勇氣號」火星車成功登陸火星，開始了探測紅色星球的序幕。1月24日，「機遇號」也成功著陸這個紅色的星球，它們能夠鏟起泥土、開鑿岩石並檢查樣本，不斷向地面控制人員發回火星岩石、土壤和大氣的資訊，並拍攝大量照片。

31. *SARS 的病原體是：*

A. 細菌　　　　B. 真菌　　　　C. 病毒

林來瘋懂很多 • • • • • • • 👉 C

　　已證實SARS的病原體為SARS冠狀病毒。SARS冠狀病毒與原來已知的冠狀病毒類似，但又獨具特徵，是一種新型冠狀病毒，該病毒可能源於野生動物。

32. 一個人在赤道上量體重，然後在身體條件相同的情況下，又到北極去量了一次，那麼：

A. 赤道重，北極輕

B. 赤道輕，北極重

C. 一樣重

林來瘋懂很多 • • • • • • • • • 👉 **B**

　　同一物體在地球上的位置不同，重量也有差異。一千克的物體，在赤道上稱得重量是0.973千克，而在北極稱之則是1.0026千克。同一物體愈近兩極，重量則愈大。

33. 首次成功複製哺乳動物——「桃莉」的國家是：

A. 英國　　　　　B. 美國　　　　　C. 德國

林來瘋懂很多 • • • • • • • • • 👉 **A**

　　「桃莉」是英國首先複製成功的。

34. 飲酒會破壞哪種維生素，且容易引起面部微血管擴張，加速皮膚衰老？另外酒類的保鮮溫度一般在攝氏幾度到幾度之間？

A. 維生素 B 群；$3^0C \sim 9^0C$

B. 鈣；$3^0C \sim -9^0C$

C. 礦物質；$3^0C \sim 9^0C$

林來瘋懂很多 • • • • • • • • A

　　酒會消耗身體內的維生素B群與礦物質，過多的酒會破壞碳水化合物的新陳代謝並產生過多的動情激素。

01. 「已知天定三分鼎，猶竭人謀六出師。」這是對誰的描述呢？

A. 岳飛　　　　　　　B. 辛棄疾
C. 諸葛亮　　　　　　D. 杜甫

林來瘋懂很多 • • • • • • • • •  **C**

「已知天定三分鼎」，說的是隆中對。「猶竭人謀六出師」，說的是六出祁山。

02. 下列地支與其十二生肖配對正確的是？

A. 子──兔　　　　　　B. 巳──蛇
C. 酉──猴　　　　　　D. 申──雞

林來瘋懂很多 • • • • • • • • •  **B**

十二生肖是由十一種源於自然界的動物即鼠、牛、虎、兔、蛇、馬、羊、猴、雞、狗、豬以及傳說中的龍所組成，用於記年，順序排列爲子鼠、丑牛、寅虎、卯兔、辰龍、巳蛇、午馬、未羊、申猴、酉雞、戌狗、亥豬。

這些知識
有點酷

03. 日蝕必定發生在農曆的哪一天？

A. 初一　　　　　　B. 初八

C. 十五　　　　　　D. 二十三

林 來 瘋 懂 很 多 ● ● ● ● ● ● ● ● 👉 Ⓐ

　　月球在農曆的初一會運行到太陽和地球之間，日蝕的發生必定在這個時間。但並不是每逢初一都有日蝕現象，那是因為月球軌道和地球軌道面之間有著5°左右的夾角。

04. 被魯迅譽為「史家之絕唱，無韻之離騷」的是以下哪一項？

A. 《左傳》　　　　B. 《戰國策》

C. 《史記》　　　　D. 《資治通鑑》

林 來 瘋 懂 很 多 ● ● ● ● ● ● ● ● 👉 Ⓒ

　　《史記》對後世史學和文學的發展有著深遠的影響。其首創的紀傳體編史方法為後來歷代「正史」所傳承。同時《史記》還被認為是一部優秀的文學著作，在中國文學史上有重要地位，被魯迅譽為「史家之絕唱，無韻之離騷」。

05. 四大名硯之冠的端硯產生於哪個朝代？

A. 唐朝　　　　　　B. 宋朝
C. 元朝　　　　　　D. 清朝

林來瘋懂很多 • • • • • • •  A

　　端硯乃自唐朝初年就開始生產了。不過，當年的端硯純粹是文人墨客書寫的實用工具，石面上無任何圖案花紋裝飾，顯得粗陋、簡樸，唐朝李肇的《唐國史補》記載：「內邱瓷甌，端州紫石硯，天下無貴賤通用之」。

06. 古時候的人常用貶義詞來稱呼自己的妻子和孩子，認為那是謙稱。如：稱呼自己的兒子為「犬子」，那麼稱呼自己妻子時叫什麼呢？

A. 夫人　　　　　　B. 妻子
C. 糟糠　　　　　　D. 老婆

林來瘋懂很多 • • • • • • • • C

　　「糟糠」一詞從字面上看，很容易被誤認為指妻子如同食物中的酒糟、米糠之類的粗劣食物。但是其原文本無貶義，「糟糠」是指吃粗劣食物的貧苦生活，「糟糠之妻」指貧窮時共患難、同甘苦的妻子。

07. 京劇服裝中男性角色身上穿的蟒袍是以下哪一種動物？

A. 蛇　　　　　　　B. 豹

C. 龍　　　　　　　D. 鳳

 C

蟒袍上的花紋與龍相似，只是少一爪，所以稱為「蟒」。紋樣主要是龍及「蟒水」（海水江牙），陪襯紋樣為日、山流雲等。

08. 位於北京城裡的天壇古時候是用來做什麼的？

A. 觀測天相　　　　B. 祭天

C. 舉辦皇帝登基典禮　D. 拜祖

 B

天壇是中國大陸現存的古代祭祀性建築群，是明清兩代皇帝祭祀天地之神和祈禱五穀豐收的地方。

09. 在唐代長安城內被稱為「新羅人」的就是今日我們所說哪裡人？

A. 朝鮮人　　　　　B. 越南人

C. 俄國人　　　　　D. 新疆人

林來瘋懂很多 • • • • • • •  A

　　唐朝時候所說的新羅人指的就是朝鮮人，新羅在675年的時候統一朝鮮半島，與唐朝的貿易往來十分密切。

10. 佛教中的「十惡」最後一惡是哪一項？

A. 妄語　　　　　B. 邪見

C. 惡口　　　　　D. 貪欲

林來瘋懂很多 • • • • • • •  B

　　佛教「十惡」依次為：殺生、偷盜、邪淫、妄語、兩舌、惡口、綺語、貪欲、嗔恚、邪見。

11. 史上第一位去印度取經的人是誰？

A. 蔡悟　　　　　　B. 慧景
C. 玄奘　　　　　　D. 慧倫

林來瘋懂很多 • • • • • • • •  B

　　早在西元400年，法顯與慧景、道正、慧應等從西安出發，經過西域至天竺，遊歷30多個國家，前後歷時14年，收集了大批梵文經典。

12. 電影《一江春水向東流》的片名取自古代哪一位詩人的句子？

A. 辛棄疾　　　　　B. 李煜
C. 宴殊　　　　　　D. 李清照

林來瘋懂很多 • • • • • • • B

　　這個片名選自李煜的《虞美人》：「春花秋月何時了，往事知多少。小樓昨夜又東風，故國不堪回首月明中。雕闌玉砌應猶在，只是朱顏改。問君能有幾多愁，恰似一江春水向東流。」

13. 「打起黃鶯兒，莫教枝上啼。」這首詩的作者這樣做的原因，是因為黃鶯的聲音怎麼樣呢？

A. 聲音不好聽　　　　B. 干擾應試迎考

C. 影響了彈琴　　　　D. 攪了思念征人的夢

 **D**

　　此詩出自金昌緒的《閨怨》，下句是「啼時驚妾夢，不得到遼西」。這是一首抒寫兒女之情的詩，刻劃著那個時代的故事。它是一首懷念征人的詩，反映了當時兵役制度下廣大人民所承受的痛苦。

14. 「分道揚鑣」的「鑣」是指什麼東西？

A. 馬鞭子　　　　　　B. 馬蹄子

C. 馬尾巴　　　　　　D. 馬銜銜

 **D**

　　鑣是指馬銜銜。揚鑣指驅馬前行。「分道揚鑣」即提起馬銜銜驅馬前進，指分路而行。比喻志趣不同，各走各的道路。

15. 「落地為兄弟，何必骨肉親」這句詩的作者是誰？

A. 陶淵明　　　　B. 李白

C. 李牧　　　　　D. 蘇軾

林來瘋懂很多 A

　　這是陶淵明《雜詩》中的第一首。全詩為：「人生無根蒂，飄如陌生塵。分散逐風轉，此已非常身。落地皆兄弟，何必骨肉親。得歡當做樂，鬥酒聚比鄰。盛年不再來，一日難再晨。及時當勉勵，歲月不待人。」

16. 皇帝什麼時候開始穿「黃袍」？

A. 春秋　　　　　B. 秦朝

C. 隋朝　　　　　D. 唐朝

林來瘋懂很多 ● ● ● ● ● ● D

　　唐朝以前的皇帝，對穿什麼顏色的衣服並沒無定制。春秋時期齊桓公就喜歡紫色的衣服，秦始皇則按照水金火木土與青赤黃白黑分別相配，穿黑色的袍服。到了隋朝，文帝、煬帝著黃袍，但是也沒有明令禁止他人穿黃色衣服。直到唐高祖時，他不喜歡別人和自己同著黃袍，才下令「庶不得以赤黃為衣服」。唐高宗時又重申「一

切不許著黃」，但是這時的規定並不是很嚴格，一般百姓著黃依然多見。

17. 古今許多文藝作品中，形容美人或者戀人的眼神時，常用眉目傳情、暗送秋波等成語。那麼，「秋波」一詞最早見於哪一時代？

A. 唐代　　　　　　　B. 宋代
C. 元代　　　　　　　D. 明代

 B

　　據有關資料顯示，「秋波」一詞最早見於宋代大文豪蘇軾的《百步洪》一詩，詩中有這樣兩句：「佳人未肯回秋波，幼輿欲語防飛梭。」這裡面的「幼輿」是指晉代的謝鯤，謝鯤的字叫做「幼輿」。謝鯤曾挑逗鄰居家的女子，被女子擲梭打落了兩顆門牙。這兩句詩描寫一位男子想和心上人說句話，卻又沒有看到佳人眼神中是否有接納自己的意思。故而在欲語未語之時，首先想到了謝鯤被飛梭擊落門牙的故事，心有所忌又心有不甘。

18. 俗話說：「一寸光陰一寸金。」這裡的「一寸」是用哪種古代計時器量出的時間單位？

A. 圭表　　　　　　B. 日晷

C. 漏刻　　　　　　D. 漏壺

林來瘋懂很多 • • • • • • •  A

　　圭表是最古老的一種計時器，古代典籍《周禮》中就有關於土圭的記載，圭表是利用太陽射影的長短來判斷時間的。它由兩部分組成，一是直立於平地上用來測日影的標杆或石柱，叫做表；一為正南正北方向平放，用來測定表影長度的刻板，叫做圭。既然日影可以用長度單位計量，那麼光陰之「陰」，即時間的長短，也就可用「分」、「寸」來計量了。

19. 在中華傳統茶藝中，紫砂壺一般是用來泡那種茶的？

A. 紅茶　　　　　B. 綠茶
C. 烏龍茶　　　　D. 黑茶

 C

　　茶葉可分為紅茶、綠茶、烏龍茶、黑茶、白茶、黃茶。在傳統的茶藝文化中，紅茶最好用瓷質茶具來沖泡；綠茶最好用玻璃茶具來沖泡，可觀其形，觀其色；烏龍茶最好用紫砂壺來泡，因為紫砂壺透氣性好。

20. 裙子是婦女朋友們喜愛的服飾，穿裙子的歷史由來已久。請問裙子最早出現於哪個朝代？

A. 隋朝　　　　　B. 秦朝
C. 三國時期　　　D. 唐朝

 C

　　裙子的出現歷史悠久。相傳四千多年前帝王即定下「上衣下裳」的制度，那時的「裳」即為裙子。裙子在古代是男女通用的。直到三國時期，男子才漸漸穿起褲、袍，裙子就成為婦女的專用服飾。

21. 世界上面積最小的紙幣面值多少？

A. 一分　　　　　　B. 五分

C. 一角　　　　　　D. 一塊

中華民國12年（1923年）3月，浙江地方銀行發行了面值爲1分的輔幣，其票幅面積只有5cm×2.5cm，爲世界上最小的紙幣。

22. 中國四大名硯是指安徽的歙硯、甘肅的洮硯、山東的澄硯和哪裡產的硯呢？

A. 陝西的瓦硯　　　B. 廣東的端硯

C. 四川的石硯　　　D. 江西的瓷硯

從唐代起，端硯、歙硯、洮河硯和澄泥硯被並稱爲「四大名硯」，其中尤以端硯和歙硯爲佳。

23. 中國四大奇書指的是四部很有名的章回小說，即《三國演義》、《水滸傳》、《金瓶梅》和《西遊記》。四大奇書之稱起源於清代李漁（號笠翁）在芥子園所刻印的上述四種書。此外哪部書又被稱為第一奇書，並在書名旁冠以「第一奇書」字樣？

A. 《三國演義》　　　B. 《水滸傳》

C. 《西遊記》　　　　D. 《金瓶梅》

林來瘋懂很多・・・・・・・・・・▣👉 D

　　《金瓶梅》是中國小說史上第一部文人獨立創作的長篇白話世情小說，對後代的小說創作與文化轉變產生很大的影響，在中國文學史上具有重要地位。不幸的是，有很長一段時間《金瓶梅》都被認為是誨淫穢書，因而被列為禁書。在中國古典小說中，《水滸傳》以誨盜聞名，而《金瓶梅》卻是以誨淫而著稱於世。這二本書均算得上是天下絕無僅有的奇書。

24. 五線譜是被各國普遍採用的記譜法，它的發明使幾百年前許多不朽的名作得以流傳下來。請問五線譜是由哪國人發明的呢？

A. 希臘　　　　　　　B. 義大利

C. 德國　　　　　　　D. 法國

林來瘋懂很多 • • • • • • • • **B**

　　在11世紀時，義大利人發明了五線譜，後來又經過其他人的補充，使五線譜更加完善。

25. 「冬天到了，春天還會遠嗎」這句話是誰說的？

A. 席勒　　　　　　　B. 雪萊

C. 歌德　　　　　　　D. 徐志摩

林來瘋懂很多 • • • • • • • •  **B**

　　英國詩人雪萊（Percy Bysshe Shelley），是一位知名的英國浪漫主義詩人。主要作品有《西風頌Ode To The West Wind》、《麥布女王Queen Mab》、《伊斯蘭的反叛The Revolt of Islam》、《解放的普羅米修士Prometheus Unbound》和《倩契The Cenci》等。

26. 《簡・愛》和《呼嘯山莊》的作者是什麼關係？

A. 姐妹　　　　　　B. 兄弟
C. 兄妹　　　　　　D. 姐弟

 A

　　19世紀英國出現兩位非常了不起的作家，她們就是勃朗特家族的夏綠蒂和艾蜜莉兩姐妹。她們分別以《簡・愛》和《呼嘯山莊》在英國文學史上佔據了不可動搖的地位。

27. 古代小說《牡丹亭》又被稱為什麼？

A. 西廂記　　　　　B. 還魂記
C. 邯鄲記　　　　　D. 南柯記

 B

　　《牡丹亭》又名《還魂記》，或稱《牡丹亭還魂記》，是湯顯祖劇作中成就最高的作品，他也說：「一生四夢，得意處唯在牡丹。」

28. 《悲慘世界》的主人翁尚萬強（*Jean Valjean*，又譯冉阿讓）因為偷了什麼東西而服了19年的苦役？

A. 一瓶葡萄酒　　　　B. 一杯牛奶
C. 一片麵包　　　　　D. 一塊餅乾

 C

　　《悲慘世界》劇情簡介：尚萬強為了幾個快要餓死的孩子偷了一塊麵包，因而服刑19年，直到滑鐵盧戰役那年才獲釋。出獄後因其身份屢遭冷眼，求助無門，幸而遇見樂善好施的米里艾大人拯救了他。

29. 「落霞與孤鶩齊飛，秋水共長天一色」描寫的是哪裡的景色？

A. 蓬萊閣　　　　　　B. 滕王閣
C. 嶗山　　　　　　　D. 百花洲

 B

　　滕王閣之所以享有盛名，歸功於一篇膾炙人口的散文《滕王閣序》。傳說當時詩人王勃探親路過南昌，正好趕上閣都督重修滕王閣落成，在閣上大宴賓客。王勃當場一口氣寫下這篇令在座賓客讚服的《秋日登洪府滕王閣餞別序》。（即《滕王閣序》）。

30. 中國四大名著之一的《西遊記》，一共有多少回？

A. 95　　　　　　　B. 100

C. 120　　　　　　　D. 130

林來瘋懂很多 · · · · · · · · ☞ B

　　《西遊記》全書100回，大致可分為兩個故事。第1至7回，寫孫悟空出世至大鬧天宮的過程，描述孫悟空對自由的無限追求，最終失敗的悲劇，表現出人性的自由本質與現實生活的約束與矛盾處境。第8至100回寫唐僧師徒歷經八十一難，終於到達西天大雷音寺取經。隱喻人必須經歷艱難，才能最終獲得幸福與成功的真諦。

31. 高爾基是蘇聯作家阿列克塞·馬克西耶維奇·彼什科夫的筆名。請問「高爾基」的俄文原意是什麼？

A. 幸福　　　　　　B. 痛苦

C. 幽默　　　　　　D. 智慧

林來瘋懂很多 · · · · · · · · ☞ B

　　「高爾基」俄文原意是「巨大的痛苦」。這個筆名正是這位年輕作家歷經苦難與不幸的寫照。最終，這個名字伴隨著他走過了一生的風風雨雨，並使他成為俄羅

這些知識
有點酷

斯無產階級大文豪。高爾基這個名字傳遍了全世界,響徹整個文壇!

32. 世界流行音樂十大流派中,下列哪一項有著「演唱時不加任何修飾,有時近乎乾喊」的特色?

A. 鄉村音樂　　　　B. 黑人音樂
C. 歌妓音樂　　　　D. 通俗流行音樂

林來瘋懂很多 • • • • • • • • 👉 C

　　答案是歌妓音樂。鄉村音樂起源於美國西海岸,歌唱時只有吉他伴奏,曲調抒情;黑人音樂取材於黑人靈魂樂,節奏較強;通俗流行音樂則是集各流派之大成,曲調樸實。

33. 希臘神話中,愛神丘比特身上背了兩支箭,一支是金箭,另一支是什麼箭?

A. 金箭　　　　　　B. 鐵箭
C. 銀箭　　　　　　D. 鉛箭

林來瘋懂很多 • • • • • • • • 👉 D

　　希臘神話裡,愛神丘比特身上背了兩支箭,一支金箭,一支鉛箭。傳說被金箭射中的人就會滋生愛苗,情愛如癡;被鉛箭射中的人就會反目成仇,恨之入骨。

34. 拉丁美洲作家馬奎斯的《百年孤寂》是一部什麼作品？

A. 魔幻寫實主義　　B. 批判現實主義

C. 浪漫主義　　D. 現代主義

林來瘋懂很多 • • • • • • ☞ A

　　馬奎斯這部作品曾獲得1982年的「諾貝爾文學獎」。魔幻寫實主義是20世紀中期拉丁美洲小說的創作流派。

35. 世界上最長的敘事長詩是什麼作品？

A. 《孔雀東南飛》　　B. 《格薩爾王傳》

C. 《詩經》　　D. 《昭明文選》

林來瘋懂很多 • • • • • • ☞ B

　　《格薩爾王傳》是藏族長篇英雄史詩，也是迄今為止世界上最長的敘事詩。它主要流傳於藏族地區。在蒙古族、土族、納西族以及不丹、尼泊爾等國家的某些地區也有流傳。《格薩爾王傳》是藏族同胞世代創造的藝術精品。全書約一百多部，總共一百多萬行詩，其中比較重要的大約有三十多部。這部史詩內容主要在敘述格薩爾一生的豐功偉業。

36. 李清照的《如夢令》裡說到「綠肥紅瘦」，請問這是描寫什麼季節的景象？

A. 晚春　　　　　B. 盛夏
C. 初秋　　　　　D. 寒冬

林來瘋懂很多 • • • • • • • • • • 🖒 A

　　這首詞描寫晚春將要入夏的情景，表達出詞人傷春惜春的意境。「綠」指葉，「紅」指花，「肥」形容雨後的葉子因水分充足而茂盛肥大，「瘦」形容雨後的花朵因不堪雨打而凋謝稀少。由這四個字開始聯想，「紅瘦」代表春天的漸漸消逝，「綠肥」就象徵著綠葉成蔭的盛夏即將來臨。

37. 好萊塢是世界電影的大本營。請問「好萊塢」一詞最初的含義是什麼？

A. 迷人的碼頭　　　B. 美人窩
C. 冬青樹之林　　　D. 電影夢幻工廠

林來瘋懂很多 • • • • • • • • • 🖒 C

　　好萊塢位於美國加利福尼亞州洛杉磯市郊區，是美國著名的電影生產基地。1886年，房地產商哈威·維克特斯在洛杉磯郊區買下了一塊地，維克特斯夫人從蘇格

蘭運來的大批多青樹栽種在這裡。在英語中，Hollywood
就是多青樹林的意思，於是就有了Hollywood（好萊塢）
這個名字。

38. 樂曲《十面埋伏》是哪種樂器的獨奏曲？

A. 二胡　　　　　　B. 小提琴
C. 琵琶　　　　　　D. 笛子

林來瘋懂很多 · · · · · · · · ☞ C

《十面埋伏》是著名琵琶套曲，這首樂曲的前身是
明代的《楚漢》。內容描繪楚漢相爭時垓下之戰的情景，
故事性極強。

39. 電影《鐵達尼號》的插曲中，主奏樂器是什麼？

A. 長笛　　　　　　B. 排簫
C. 蘇格蘭風笛　　　D. 單簧管

林來瘋懂很多 · · · · · · · · ☞ C

早在15世紀，蘇格蘭風笛這種樂器就在歐洲各國出
現了。風笛演奏的曲譜豐富多彩，既有高雅古典的變奏
曲，也有促進人心的進行曲，令古往今來無數聽眾聽得
心癡神迷。

40. 迪斯可最初起源於哪一個國家？

A. 法國　　　　　　B. 美國
C. 義大利　　　　　D. 英國

林來瘋懂很多 • • • • • • • • 　☞ A

　　迪斯可最初起源於法國巴黎，這種舞並沒有固定舞步，盡情揮灑的舞蹈方式非常適合當時的青年男女。他們總是半夜三更在酒吧裡相聚，用勁歌狂舞來宣洩過剩的精力。

41. 京劇中的臉譜使人物的性格一目了然。一般而言，紅色臉譜代表哪一種角色？

A. 耿直　　　　　　B. 奸邪
C. 忠勇　　　　　　D. 圓滑

林來瘋懂很多 • • • • • • • • 　☞ C

　　一般以紅色臉譜代表忠勇（如：關羽）；黑色臉譜代表耿直（如：包拯、張飛）；白色臉譜代表奸邪（如：曹操）。

42. 五線譜是用5條平行的橫線來記述音符，最下面那條線叫「第一線」，第一線與第二線之間叫作什麼？

A.「第一間」 　　　 B.「第二間」

C.「第三間」 　　　 D.「第四間」

 A

　　五線譜的每一條線以及線與線之間的空間都有名稱。自下而上分別稱爲第一線、第二線、第三線、第四線、第五線和第一間、第二間、第三間、第四間。線和間如果不夠使用，可在五線譜上方或下方增加線和間。加線及加間各分別稱爲上加第一線、上加第一間，下加第一線、下加第一間等，各代表一個音階。

43. 美國的「奧斯卡」電影獎是世界上歷史最悠久，影響最廣大的國際電影獎，「奧斯卡」這個名稱原來是什麼呢？

A. 地名 　　　 B. 人名

C. 電影片名 　　　 D. 學院名

 B

1931年時，有一位女士發現被用來作爲電影獎盃的

雕像很像她的叔叔奧斯卡，於是脫口喊出了叔叔的名字，從此被傳開。

44. 歌劇誕生於哪個國家？

A. 義大利　　　　　　B. 法國
C. 德國　　　　　　　D. 英國

　　歌劇是一種綜合音樂、戲劇、舞蹈的藝術形式，它起源於16世紀末期義大利的佛羅倫斯。

45. 古代六藝，「禮、樂、射、御、書、數」中的「御」是指什麼？

A. 武術　　　　　　　B. 種花
C. 下棋　　　　　　　D. 駕車

　　禮（禮儀）、樂（音樂）、射（射箭）、御（駕車）、書（識字）、數（算術）。「御」在過去是「士人」的基本技能，因為當時戰馬和戰車的多寡，與國力強弱息息相關。孔子在授課時也會把「御」當作很重要的內容之一。

46. *被譽為「藝術之母」的是哪一種藝術？*

A. 繪畫　　　　　B. 戲劇

C. 雕塑　　　　　D. 舞蹈

林來瘋懂很多 • • • • • • • • ☞ D

　　舞蹈被譽為「藝術之母」，是人類社會中最早創造的藝術形式之一，幾乎和人類同時誕生。有學者說過：「任何一個民族，哪怕是最原始民族的打鬥，都可以是舞蹈的展現。」舞蹈的存在總是先於語言文字。

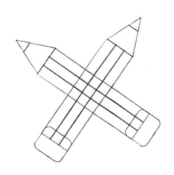

搶答題

01. 「嘉年華」是個音譯詞,請問這個英文字的本意是什麼?

林來瘋懂很多 ● ● ● ● ● ●

　　「嘉年華」即英文「狂歡節」(carnival)的音譯,相當於中國人的「廟會」。

02. 古典文學名著《三國演義》中塑造了眾多性格鮮明的人物形象,請依照以下提示,答出正確的角色名稱。

(1) 神機妙算,巧借東風。

(2) 過五關斬六將。

(3) 千里走單騎的英雄。

(4) 這部書中有關答案(3)的傳奇故事還有許多,請寫出其中一個故事的名字。

林來瘋懂很多 ● ● ● ● ● ●

　　答案依序為:諸葛亮;關羽;趙雲;《趙子龍單騎救主》。

03. 有一家新開張的酒樓，在門口貼了一張紅紙，寫著：「終年倒運少有餘財」。張三看了就大聲念出來，一念完，立刻被趕出去。李四看了也大聲念出來，一念完，立刻被歡歡喜喜地迎進去。請問張三跟李四是怎麼念這張紅紙的？

林來瘋懂很多 • • • • • • •

張三念的是：「終年倒運，少有餘財。」
李四念的是：「終年倒運少，有餘財。」

04. 關於「半」字有很多謎語，請試著猜猜看下面這些題目，答案都是一個字喔。

（1）半加半減
（2）半新半舊
（3）半晴半雨

林來瘋懂很多 • • • • • • •

喊，昕，清。

05. 「東邊日出西邊雨」，猜一個字。

林來瘋懂很多 • • • • • • • •

答案就是「汨」。

06. 下列題目中，前後二字的變化就是謎語的提示，射一成語。例如：念→含：答案就是「有口無心」。

請試試看以下題目：

杭→航

忍→想

感→喊

題→頁

林來瘋懂很多 • • • • • • • •

杭→航：木已成舟

忍→想：拔刀相助

感→喊：有口無心

題→頁：一無是處

07. 請寫出四個帶有「月」字的成語。

林來瘋懂很多 • • • • • • • •

披星戴月、日積月累、風花雪月、猴年馬月。

08. 古時有一戶住在小巷底的人家，不管是過路的，還是遛狗的，經常有人在牆角小便，弄得臭氣熏天。於是屋主寫了一張告示：「行人等不得在此小便。」但問題卻更嚴重了，請問路人是怎麼理解這張告示的呢？

林來瘋懂很多 • • • • • • • •

屋主的意思是：行人等，不得在此小便。

路人卻誤解成：行人等不得，在此小便。

09. 以下謎語，射一對聯。

龍虎虎望山山山
湖湖湖湖湖海海海海會仙仙仙仙仙仙仙仙

林來瘋懂很多 • • • • • • • •

一龍二虎望三山，五湖四海會八仙。

這些知識
有點酷

10. 這是一個添筆變字的題目，第一組有八個字，請你添上一筆，把它變成另一個字。第二組也有八個字，請為每個字加上兩點，把它變成另一個字。

（1）木、句、人、古、止、弋、未、晴
（2）兄、令、丘、干、人、馬、木、水

林來瘋懂很多 • • • • • • •

（1）禾、旬、大、舌、正、戈、朱、睛。
（2）兌、冷、兵、平、火、馮、米、冰。

11. 「歌手」的「手」表示什麼意思？

林來瘋懂很多 • • • • • • •

手是指有專業技能的人，或解釋為擅長某種技能的人，或專做某種事的人。如：能手、高手、風琴手等等。

12. 以下謎語各射一成語，試試看吧。

最小的郵筒
最高的人
最大的被子
最大的手術

林 來 瘋 懂 很多 ● ● ● ● ● ● ●

最小的郵筒——難以置信
最高的人 ——頂天立地
最大的被子——鋪天蓋地
最大的手術——改頭換面

13. 《扁鵲見蔡桓公》中的桓公對扁鵲的看法是：「醫之好治不病以為功。」請問是什麼意思。

林 來 瘋 懂 很多 ● ● ● ● ● ● ●

「醫」是醫生的意思。「好」讀四聲，表示喜歡。「不病」指沒有生病的人。「以為功」就是當做自己的功勞。整句的意思是說：醫生總喜歡替沒有生病的人看病，還把他們的健康當做是自己的功勞。引申為：有些人不願意正視自己的缺點，反而對提出批評的人持有偏見。

14. 抗日戰爭時期，日軍在淪陷區實行「強化治安」，大街牆上掛了一條標語：「有糧食不賣給國軍吃」。

標語的本意是：「有糧食，不賣給國軍吃！」企圖餓死國軍。但寫標語的人並沒有加標點。

第二天一早，這條標語被人加了一個逗號，就變成了完全相反的意思，回給了日軍一巴掌。請問被改成了什麼？

林來瘋懂很多 ● ● ● ● ● ● ● ●

加上逗號後變成了：

有糧食不賣，給國軍吃！

15. 說出下列成語和哪些人物有關係：

紙上談兵
指鹿為馬
負荊請罪

林來瘋懂很多 ● ● ● ● ● ● ● ●

紙上談兵——趙括
指鹿為馬——趙高
負荊請罪——廉頗。

16. 「天干」一共有多少個字？

林 來 瘋 懂 很 多 • • • • • •

十二個字。分別為甲、乙、丙、丁、戊、己、庚、辛、壬、癸。

17. 誰是東漢傑出的科學家兼文學家？

林 來 瘋 懂 很 多 • • • • • •

張衡。張衡是東漢時期偉大的天文學家、數學家、發明家、地理學家、製圖學家和詩人。在中國歷史中，於天文學、機械技術、地震學的發展有著重要貢獻。在數學、地理、繪畫和文學等方面，張衡也表現出了非凡的才能和廣博的學識。

18. 餃子是「醫聖」張仲景發明的嗎？

林 來 瘋 懂 很 多 • • • • • •

是。餃子史稱「嬌耳」，是由醫聖張仲景發明的。張仲景在長沙為官時，常為百姓除疾醫病。有一年當地瘟疫盛行，他在衙門口架起大鍋，行醫救人，深得長沙

人民的愛戴。張仲景告老還鄉後，經過家鄉白河岸邊時，見到很多窮人饑寒交迫，耳朵都凍爛了。於是他仿照在長沙的做法，要弟子搭起醫棚，架起大鍋，在冬至那天為窮人行醫治傷。此藥方叫「祛寒嬌耳湯」，即將羊肉、辣椒和一些祛寒藥材入鍋煮熬，煮好後再把這些東西撈出來切碎，用麵皮包成耳朵狀的「嬌耳」，下鍋煮熟後分給乞藥的病人食用。每人兩隻嬌耳、一碗湯。人們喝下祛寒湯後渾身發熱，血液通暢，兩耳變暖。食用數日後，病人的爛耳朵就好了。後來，人們稱這種食物為「嬌耳」、「餃子」或「餛飩」，並在冬至和大年初一食用，以紀念張仲景。

謝謝您購買 ＿＿＿<u>這些知識有點酷</u>＿＿＿ 與我們一起分享讀完本書後的心得。務必留下您的基本資料及電子信箱，使用我們準備的免郵回函寄回，我們每月將抽出一百名回函讀者，寄出精美禮物以及享有生日當月購書優惠！想知道更多更即時的消息，歡迎加入"永續圖書粉絲團"

您也可以使用以下傳真電話或是掃描圖檔寄回本公司電子信箱，謝謝！

傳真電話：（02）8647-3660　　電子信箱：yungjiuh@ms45.hinet.net

●請針對下列各項目為本書打分數，由高至低5～1分。

　　　　　　5 4 3 2 1　　　　　　　　　　5 4 3 2 1
1. 內容題材　□□□□□　　2. 編排設計　□□□□□
3. 封面設計　□□□□□　　4. 文字品質　□□□□□
5. 圖片品質　□□□□□　　6. 裝訂印刷　□□□□□

●您購買此書的地點及店名＿＿＿＿＿＿＿＿＿＿＿＿＿＿＿＿＿＿

●您為何會購買本書？

□被文案吸引　　□喜歡封面設計　　□親友推薦　　□喜歡作者
□網站介紹　　　□其他＿＿＿＿＿＿＿＿＿＿＿＿＿＿＿＿＿＿

●您認為什麼因素會影響您購買書籍的慾望？

□價格，並且合理定價是＿＿＿＿＿＿　　□內容文字有足夠吸引力
□作者的知名度　　□是否為暢銷書籍　　□封面設計、插、漫畫

●請寫下您對編輯部的期望及建議：

221-03

新北市汐止區大同路三段194號9樓之

傳真電話：（02）8647-3660
E-mail：yungjiuh@ms45.hinet.net

培育

文化事業有限公司

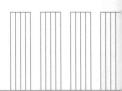

讀者專用回函

這些知識有點酷

培養文化育智心靈的好選擇